백합 최영순 편저

현대인의 사회생활을 위한

실제인상학

출판사 동양서적 발행

저자 : 백합(白合) 최 영 순
백합인상연구원장

自序

本書는 모든 國內書籍을 通해서는 찾기 어려운 많은 實際統計와 筆者의 臨床實驗을 綜合하여 明確하게 編輯하여 今般 「實際人相學」을 펴내게 된 것입니다.

本書는 初步入門生들과 누구나 뜻있는 사람이면 理解할 수 있도록 物形 및 察色을 並行綜合解說한 것으로 企業經營上에나 또는 社會處世上이니 一般家庭에 이르기까지 良識의 參考書로서 多少나마 도움이 된다면 多幸이겠습니다.

本書가 刊行되기 까지 아낌없는. 協助와 聲援을 보내주신 많은 社會各界人士 諸賢들께 깊은 謝意를 表하며 아울러 易學界 先輩諸位들의 鞭撻과 後援에 合掌敬意를 表하는 바 입니다. 編輯資料蒐集에 始初부터 애써주신 三空 曺誠佑先生께 깊은 敬賀를 드리며 또 刊行을 받아주신 圖書出版 易書普及社 安羅山社長께 謝意를 표하는 동시에 讀者諸位의 앞날에 幸福이 무궁하시기를 合掌祈願하겠읍니다.

一九八〇年 十二月

白合人相研究院長　白合　崔　榮　純　識

추천의 말

우주에 존재하고 있는 우리 인간(人間)……이 우주를 인간의 생활에 적응시켜 가고 있는 인간의 힘……필시 위대한 것을 창조하고 개척해 가는 인간의 힘은 과연 무한정한 것일까요?……

그 힘의 위력 또한 얼마나 무서운 것일까요?

인간이란 끊임없이 생노병사(生老病死) 속에서 윤회(輪廻)하면서 그 힘을 과시(誇示)해 오고 있는데 그 힘의 원천(源泉)이란 어디에 있는 것일까요? 무한한 인간의 능력을 각 분야별로 개발하고 개척할 수 있는 개성(個性)의 특징적통계(特徵的統計)를 알기 쉽게 간추린 본서(本書)가 백만인의 애독서가 될 것을 믿어 의심치 않아 몇 글자 추천의 말로 남기게 된 것을 기쁘게 생각하는 바입니다.

제가 알고 있는 인상학(人相學)이란 참으로 어려운 실증통계학(實證統計學)으로 알고 있는데 이제 그 「커플」을 세상에 내놓으신 百合 崔榮純先生님의 노고에 심신한 경의를 표하는 바이며 많은 후학인들에게 삼가 일독(一讀)을 권하는 바입니다.

西紀 一九八一年 春三月

東大敎授
文學博士

李 鍾 益

推薦辞

宇宙時代에 살고 있는 우리요、科學萬能時代에 살고 있는 우리라지만 人間의 基本形態를 떠나서는 살 수 없는 것입니다.

人間은 어디까지나 科學萬能의 造作物이 아니요 自然의 産物인 것입니다. 고기가 물을 떠나서 살 수 없고 鳥類들이 숲을 떠나서 살 수 없는 것과 같이 우리 人間도 공기를 마시지 않으면 살 수 없는 것이며 存在할 수 없는 것입니다. 어차피 있는 공기니 마시면 된다지만 衣・食・住의 문제를 해결하는데 있어서는 저마다의 素質과 特性에 따라 職種에서 努力 함으로써 自己生活의 安定을 期할 수 있을 것이요 後世에 남는 適性에 맞는 發자취도 남겨 놓을 수 있는 것이리라.

이 機會에 누구나 한번씩 探讀하여 어려운 現實을 보다 綿密하게 對處해 나갈 수 있는 손색없는 自己自身을 만들어가기 바라는 마음 懇切하여 이에 良書로서 萬人의 愛讀을 권유 하는 바입니다.

三空命理哲學院長 三空居士 曺 誠 佑

《觀相大典・相法全書・手相大典 著者》

《現代人의 社會生活을 위한》

실제인상학(實際人相學)

〈차 례〉

제一장 상(相)의 기본원리(基本原理) ······· 一〇

1、머리말 ······ 一一
2、얼굴의 기본형성 ······ 一三
3、얼굴의 세구분(三停) ······ 一八
4、십이궁(十二宮) ······ 二〇

제二장 얼굴과 상법(相法)의 유형 ······ 三五

1、얼굴의 골격형(骨格型) ······ 三五
2、상(相)의 세가지 분류법 ······ 四一

제三장 원형 잡는법과 성쇠의 시기 ·························· 四三

1. 호랑이 相의 상품(上品) ·························· 四三
2. 호랑이 相의 하품(下品) ·························· 四四
3. 호랑이 相의 직업 및 길지(吉地) ·························· 四五
4. 어드바이스·편 ·························· 四六
5. 용(龍) 相의 상품(上品) ·························· 四六
6. 용(龍) 相의 하품(下品) ·························· 四八
7. 용(龍) 相의 직업 및 길지(吉地) ·························· 四八
8. 어드바이스·편 ·························· 五○
9. 학(鶴) 相의 상품(上品) ·························· 五二
10. 학(鶴) 相의 하품(下品) ·························· 五三
11. 학(鶴) 相의 직업 및 길지(吉地) ·························· 五五
12. 어드바이스·편 ·························· 五六
13. 물고기(魚) 相의 상품(上品) ·························· 五七
14. 물고기(魚) 相의 하품(下品) ·························· 五八
15. 물고기(魚) 相의 직업 및 길지(吉地) ·························· 五九
16. 어드바이스·편 ·························· 六○

17. 뱀(蛇) 相의 상품(上品) ……………………………………………… 六一
18. 뱀(蛇) 相의 하품(下品) ……………………………………………… 六二
19. 뱀(蛇) 相의 직업 및 길지(吉地) …………………………………… 六三
20. 어드바이스・편 ……………………………………………………… 六四
21. 거북이(龜) 相의 상품(上品) ………………………………………… 六六
22. 거북이(龜) 相의 하품(下品) ………………………………………… 六七
23. 거북이(龜) 相의 직업 및 길지(吉地) ……………………………… 六八
24. 어드바이스・편 ……………………………………………………… 六九
25. 참새(雀) 相의 상품(上品) …………………………………………… 七三
26. 참새(雀) 相의 하품(下品) …………………………………………… 七四
27. 참새(雀) 相의 직업 및 길지(吉地) ………………………………… 七六
28. 어드바이스・편 ……………………………………………………… 七八

제四장 오행의 원리

1. 오행도(五行圖) ……………………………………………………… 七九

— 8 —

- 2、상생론(相生論) ……………………… 八〇
- 3、상극론(相克論) ……………………… 八一
- 4、어드바이스·편 ………………………… 八二

제五장 기(氣)와 색(色)

- 1、춘삼월의 기색(氣色) ………………… 八四
- 2、하삼삭의 기색(氣色) ………………… 八七
- 3、추삼삭의 기색(氣色) ………………… 八八
- 4、동삼삭의 기색(氣色) ………………… 八九

제六장 상법응용(相法應用) …………… 九〇

- 1、상모(相貌) ……………………………… 九一
- 2、각부위의 상법 ………………………… 一〇二

제七장 고문비전(古文秘傳) …………… 一三六

제一장 상(相)의 기본원리(基本原理)

인상학(人相學)이란 아주 쉬운 학설인 것 같으면서 어렵고 깊은 학문입니다. 쉽다는 뜻은 눈으로 직시할 수 있다는 뜻이고 어렵다는 뜻은 「관형찰색」을 변화있게 잘 뽑아야 한다는 의미가 있기 때문입니다.

어느 학문이고 깊은 연구 과정에 들어 가면 지루하고 싫증을 느끼기도 하고, 또한 관문을 통과할때면 기쁨의 희열을 느끼고 연구한 보람을 기록하여 논문을 쓰고 저서를 남기기도 합니다.

십개성상(十個星霜)을 지내면서 정통한 노력을 기울여 얻은 확실하고 세밀한 실증들의 자료를 가지고 힘들었던 보람들을 펴놓게 되었읍니다.

다양한 분야의 많은 지식인들이 또한 과학자들이 그리고 예능인들이 발명, 연구, 관찰, 실험을 통하여 얻은 산지식으로 긍지를 갖고 각자의 길을 가면서 다른 연구분야에서 노력한 분들의 학설을 교류하며, 지식의 문을 넓히며 많은 회의석상, 혹은 그룹에서 각기 다른 「技」를 다루며 열심히 살아가는 모습을 봅니다. 그것은 곧 知性人의 자리를 넓히며 아름답게 사회를 발전시키는 모습인 것입니다.

「相」에 대한 기본체제를 알아서 중요한 요직 혹은 인사이동문제 본인이 가고싶은 지름길 등을 알고싶어하는 분들이 참고나 예비지식으로 혹은 많은 서적을 갖고 서를 취미로 하는 분들에게 동양학을 전공하는 학문에도 도움이 될까해서 많은 저

― 머리말

인사들이 저서 편찬한 관계서적을 떠나 「實際應用編」으로 정리해서 펴나갈까 결정했읍니다。 상학에 대한 유래나 전통, 그 역사와 유명한 시절의 인사들을 모두 생략 묘리를 알기쉽게 정리할까합니다。

무릇 「상」이라 함은 만인의 상이 각각 다르다고 하나 그 기준을 동물의 물형에 기준을 두었고 그 상위에 흐르는 기상과 기색이 서서히 윤이 흐르는듯 서광이 비쳤을 때, 절호의 때를 만나서 개인의 소원을 이루고, 출세도 하고, 태평성세를 이루다가 차츰 색이 「쇠」함에 추풍낙엽처럼 때를 잃고 방황 내지는 패하는 것입니다。

때나 세월을 알고 박차를 가하고 때를 찾아 행선지를 잘하면 안일한 나날을 보낼 수 있으므로 인상학은 교양의 일환으로 바쁘고 빠른 두뇌작전시대에 좀 더 빠르고 정확한 길을 안내하는 현대생활을 위한 필수 불가결의 학문인 것입니다。

특히 인상학에서 지적되는 약점을 알아서 스스로 개척해 나가는 생활하는 마음가짐이 중요합니다。

― 11 ―

2 얼굴의 기본형상

(一) 머리

머리는 그 사람의 마음가짐을 알려줍니다. 그러므로 몸에 비하여 머리만 큰 사람은 자기가 생각하고 있는 일이나 희망하는 일에 성공하는 일이 늦은 약점의 안시(案示)를 가지고 있읍니다. 즉 사물의 八、九할까지 다 되고, 그리고 다음의 조금만 한 차이에서 혀사가 되어 버리는 일이 많은 것입니다.

그러면 머리가 작은 사람은 어떤가? 그 사람들도 큰 머리를 가진 사람과 별로 다를 것이 없읍니다. 그 위에 더욱 발전하는 것도 좀처럼 곤란하고 성공하는 일도 적습니다. 인류가 발전하는 시대의 사회에서는, 오늘날 그림으로 밖에 볼 수 없는 거룡(巨龍)시대라고 하여 파충류(爬虫類)의 종족이 두건(頭巾)을 쓰고 있던 시대가 있었읍니다. 이것들도 머리가 작은 동물이었기 때문에, 동물계의 생존경쟁에서 패배한 것입니다. 머리가 뒤로 길고 깊이가 있는 사람은 자기의 사물에 대한 생각도 녕석하고, 또 자기의 의지에 따라서 성공하는 안시(案示)도 강한 것입니다.

머리의 길이가 없는 사람은 망설이는 성격과 신경질적이고, 마음이 잘 변한다는 것을 안시하고 있읍니다.

(二) 정수리

정수리는 머리의 제일 위를 말합니다. 여기는 무엇을 판단하느냐 하면, 그 사람의 성공과 재산을 가지느냐 못 가지느냐를 봅니다. 그러므로 정수리가 높이 뾰족하게 솟은 사람은 한 평생에 쓰라린 노고가 많고, 자연히 사교성이 없는 사람이 됩니다. 대체로 정수리는 다소 움푹 패여져 있는 것입니다만 거기에 살이 붙어서 높이 솟은 사람은 자기 스스로 일을 하고 남에게 고용될 입장은 못됩니다. 마음도 곧고, 성공운도 강한 것입니다.

정수리 가운데가 낮은 사람은 자기의 처가속과 인연이 두텁지 못하고 평생 고생도 많은 것입니다. 그리고 일하는 비례로 보아 성공하는 운이 적은 안시가 있읍니다. 그러므로 자기 살림을 차리는 것도 늦어집니다. 그러나 낮다고 하는 것도 정도 문제로서 앞에 적은 대로 보통은 굽혀져 있는 것이므로, 조금쯤 낮은 사람의 경우는 문제로 삼지 않읍니다.

정수리의 뒷쪽이 높이 솟은 사람은 신경이 예민하여 자연 사교성이 부족합니다. 이 사람은 지나치게 일만하여서 재산을 잃기도 하고, 일이 잘안되는 안시를 가지고 있읍니다. 또 자기의 일에만 열중한 나머지 처자식을 돌보는 일이 드물고, 그 때문에 인연이 희박해지는 뜻도 있읍니다. 이마가 원만하고 정수리 뒷쪽이 높은 사람은 노력하면

한 만큼 성공하는 것입니다. 고용인이 되었을 경우에도 상당한 성공을 거둘 수가 있읍니다.

그러나 정수리에 커다란 흠이나 울퉁불퉁한 사람은 별개입니다. 정수리는 평평한 사람이 좋고, 운세도 강하고, 그 때문에 자기가 위험한 경우에 처해서도 자연히 잘 헤어나갈 수가 있읍니다.

그러면 정수리에 흠이나 대머리가 진 사람은 어떨까요? 이 사람들은 손위 사람과 맞지 않고, 재산이 있어도 그 재산을 지키지 못하고, 자연히 자기의 운을 나쁘게 만듭니다.

경우에도 오래 사귀지 못하고, 의지할 수 있는 사람과 교제할 정수리를 이같이 보는 것은, 정수리가 몸의 가장 위에 있고, 항상 깨끗이 해두어야 할 부위에 있기 때문에, 이와 같이 보는 것입니다.

(三) 목덜미

가장 귀중한 머리나 인간의 끝인 얼굴을 몸과 연결하고 있는 목은 어떠한 것을 의미할까요? 목덜미로서는 수명이 길고 짧은 것을 보는 것입니다. 그러면 당신의 목덜미는 어떠신지요?

목덜미가 굵은 사람이 명도 길고, 또 평생을 통해서 병도 적은 것입니다. 그러므로 목이 가는 사람은 그와 반대여서, 명도 짧고 병을 앓기도 많이 하는 것입니다. 결국 신체가 튼튼치 못하다는 말이 됩니다. 그러나 목덜미가 굵어도 그 사람을 뒤로부터 보아서 희미한 느낌을 주는 사람은 쉬 죽는 일도 있읍니다. 비록 죽지 않는다 손 치더라도 대난을 입을 것입니다. 그러나 목덜미가 굵고 가는 것은 그 사람의 신체에 따라서 하는 말이고, 말른 사람의 목이 가늘은 것은 당연한 일입니다.

목이 긴 사람도 대체로 그 사람의 노력에 상응하는 생활을 즐길 수 있읍니다. 그러면 목이 짧고 돼지목과 같은 사람은 어떨까요? 이 사람은 신체가 건강하고 명도 깁니다. 군인이나 경찰이면 상당히 출세할 것입니다. 노동자, 특히 육체노동자 등의 경우에는 목이 짧고, 돼지목의 사람은 건강하긴 하나, 신분이 높은 사람과의 교제나 놀고 먹을 아시(案示)는 드문 사람입니다.

후골(喉骨)이 유난히 높은 사람이 있읍니다. 이 사람의 성격은 옹고집이고, 주위 사람들이 염증이 날 정도로 발전도 못하는 것이므로, 평온히 지낼 생각을 할 것입니다.

그러면 목이 긴 사람이 어째서 오래 사느냐 하면, 사람을 나무에 비교해서, 머리는 뿌리, 목은 줄기입니다. 손이나 발은 가지입니다. 나무가 작을 때, 줄기가 알차면 큰 나무가 되고, 노목이 될 수 있읍니다. 이것이 반대인 경우에는 아무래도 큰 나무가 못되고, 노목이 되기란 무리입니다.

그러므로 인간도 목이 튼튼치 못하면 건강을 유지할 수 없읍니다.

뒤로부터 보아서 목덜미가 희미해 보이면 대난이 있으리라는 것은, 수목도 시들 때는 양기(陽氣)를 잃읍니다. 이러한 견해는 중요한 것입니다.

후골(喉骨)이 유난히 높은 사람에 대하여 앞에서 설명하였읍니다만, 후골이 유난히 높은 것은 수목의 옹이가 있는 것과 같읍니다. 옹이가 있는 나무는 집을 짓는 데도 사람 눈에 뜨일 곳에는 쓰지 않읍니다. 또 쓴다고 하여도 널판지로 만들어 사람 눈에 뜨이지 않는 곳에 사용합니다. 여기에서 노력이 많은 비례에 발전하는 것은 적은 의미가 발생하는 것입니다. 그러나 옹이가 있는 나무는 집의 대들보로는 쓸 수가 있읍니다.

그러므로 자기의 갈 길을 생각해서 그 길로만 나아간다면 반드시 밝은 인생을 보낼 수가 있읍니다.

후골이 높은 경우라도 기타 다른 부분이 조화가 잡혀 있으면 이러한 판단을 하지 않읍니다.

(四) 진 골

책에 따라서는 진골을 침골(枕骨)이라고도 써 있읍니다. 진골은 머리 뒤에 솟아오른 부분을 가리킵니다.

그리고 진골에 따라서 수명의 장단을 판단하고, 또 그 사람의 운의 강약(强弱)도 생각합니다. 진골에 대해서는 옛날 상서에는 재미 있는 이야기도 있으나, 여기서는 할애합니다.

진골이 높은 사람은 수명도 길고, 그 사람의 노력에 상응하는 복분(福分)도 얻을 수 있읍니다. 또 평생을 통해서 위험에서 피할 수 있는 안시도 가지고 있읍니다. 이에 대하여 진골이 없는 사람은 위험한 일도 많고, 고생도 많은 것입니다. 세속에 절벽이라는 머리가 있읍니다. 절벽인 사람은 초년운이 좋고, 진골이 있는 사람은 중년부터 만년에 걸쳐서 운이 있는 것입니다. 진골에 큰 흠이 있는 사람은 사물을 주의 깊게 하지 않으면 실패하기 쉽고 고생도 많은 편입니다.

여러분의 귀의 뒤를 손으로 눌러 보십시오. 대개의 사람은 뼈가 높아져 있읍니다. 이 귀 뒤의 뼈가 높은 사람은 몸도 튼튼하고 운세도 강한 것입니다. 귀 뒤의 뼈가 없는 것같은 사람은 아무래도 건강의 혜택을 못 받기 때문에, 끈기가 부족하고 자연히 운세에도 부침(浮沈)이 심합니다. 이 귀 뒷뼈를 수골(壽骨)이라고 부릅니다. 수골이나 진골이 다 높은 사람은 대단히 길상입니다.

(五) 종 합

얼굴은 비교해 보자면 꽃입니다. 그러므로 그 사람의 운세(運勢)가 길하냐 흉하냐를 볼 수가 있읍니다. 몸을 초목의 줄기로 본다면, 여러 가지 장신구를 가지고 변화시켜 보이는 얼굴은 꽃이라 할 수 있읍니다.

얼굴의 정면이 넓고 뒷쪽이 좁은 사람은, 처가속에 인연이 희박합니다. 또 재산도 좀처럼 축재되지 않고 자기가 믿을 만한 사람도 적읍니다. 얼굴 정면보다 뒷쪽이 넓은 사람은 자식의 인연이 있읍니다. 이 사람은 비록 친자식이 없어도 양자를 맞이해서라도 늙은 다음을 편안하게 지낼 수 있읍니다.

얼굴의 중앙이 낮은 사람은 자기의 생각이 저급(低級)하고 품위가 없읍니다. 그러나 그 반면 자연 사교성이 몸에 배어서 상당히 성공한 사람이라도 얼굴 중앙이 낮은 사람은 사교성이 있읍니다. 그리고 이런 사람이 이런 것도 알고 있나 할 정도로 세세한 것을 잘 알고 있읍니다.

이에 반하여, 얼굴 중앙이 높은 사람은 자연 사교성이 적고, 거기에 위엄(威嚴)을 갖추고 있읍니다. 또 자기의 생각하는 것도 큰 것입니다. 또 얼굴에서 받는 느낌이 안정을 잃은 사람이 있읍니다. 이런 사람들은 역시 기분에도 안정성이 없읍니다.

그러면 침착한 얼굴을 한 사람은 어떨까요? 이 사람은 기분도 안정돼 있는 것입니다. 어린애 때는 별문제로 하고, 어른이 되어서는 그 사람의 성격을 이상하게도 첫인상(印象)으로 잡을 수가 있는 것입니다. 오랫동안에 자기가 생각하고 있는 것이 자기의 얼굴을 개조하여 가는 것입니다.

3 얼굴의 세구분(三停)

얼굴을 셋으로 나누어서 판단하는 것을 「삼정(三停)」으로 나눈다고 합니다.

— 18 —

상정은 초년운을 보고, 중정은 중년운을 보며, 하정은 만년운을 봅니다. 이 각각의 보는 법에 대하여는 다음에 자세히 설명 하겠읍니다.

(一) 상정(上停)

상정은 하늘(天)의 일, 즉 관청 관계의 일이나, 손위 관계, 혹은 그 사람의 초년운(初年運)을 봅니다. 그러므로 상정의 살이 두툼하고 어딘지 여유있고 풍족해 보이는 사람은 운세도 강하고, 손위 사람들에게 사랑을 받을 수 있읍니다. 또 초년운도 좋을 것입니다.

그러면 상정의 살이 얇고, 뼈가 거죽에 두드러져 보이는 사람은 어떤지요? 이것은 상정이 어쩐지 쓸쓸해 보이는 것입니다. 운세도 약하고 윗사람의 도움도 없고, 초년운도 좋다고는 말할 수는 없읍니다.

(二) 중정(中停)

중정은 자기의 몸을 의미 합니다. 또 자기의 세력도 나타냅니다. 그리고 중년운과 재운(財運)에 대한 알시도 포함되어 있읍니다.

중정의 살이 두텁고 풍성해 보이는 사람은 재운도 있고, 중년기에 발전하는 것입니다. 근로자인 경우에는 상당히 성공하는 것입니다. 이에 반하여 중정의 살이 얇고, 상정과 하정 쪽이 앞으로 내민 것같이 보이는 사람은 중년운이 좋지 못할 것을 뜻합니다.

그러므로 중년기에 고생할 운세입니다. 재운도 별로 없고, 근로자인 경우에는 그다지 성공을 기대할 수는 없읍니다.

(三) 하정(下停)

하정은 자기의 손아래 일이나 주택에 관한 것, 또 만년운(晩年運)을 의미합니다.

하정의 살이 팽팽하고 탐스럽게 보이는 사람은 가정운도 좋고, 만년에 행복된 상입니다. 물론 인덕(人德)도 좋습니다. 만년에 부하운(部下運)에도 혜택을 못 받는다면 일을 성공시킬 수는 없읍니다. 그러나 하정의 살이 많다고 해도 털럭털럭하고 팽팽하게 짜임새가 없으면 만년운이 좋다고 볼 수 없읍니다. 늙어서 고생이 많은 운세입니다.

또 부하의 혜택을 못 받고 홀로 일을 하게 됩니다. 가정운도 좋지 않아서 쓸쓸한 일생을 마치게 될 것입니다.

4 십이궁(十二宮)

얼굴 가운데에 十二의 부위를 정하고, 이에 의해서 여러가지 판단을 합니다. 十二궁 중에는 다음 「각부위의 상법」에서 설명할 이마, 코, 눈썹 등 중복되는 부위도 있읍

— 20 —

니다만, 중복된 부위는 인상을 보는 마당에서 그 만큼 중요한 것이므로, 충분히 기억하여서 올바른 판단을 하기 바랍니다.

먼저 명칭부터 설명합니다. ①관록궁(官祿宮) ②명궁(命宮) ③천이궁(遷移宮=양쪽의 부위) ④형제궁(兄弟宮=양쪽 눈썹) ⑤복덕궁(福德宮) ⑥처첩궁(妻妾宮) ⑦전택궁(田宅宮) ⑧남녀궁(男女宮) ⑨질액궁(疾厄宮) ⑩재백궁(財帛宮) ⑪노복궁(奴福宮) ⑫상모(相貌=얼굴 전체의 일)의 十二궁입니다.

이라든가, 명예운(名譽運), 부하운(部下運), 배우자 문제(配偶者問題)등, 인생에 중요한 운명을 취급하여 그 종합적인 결론을 내리려는 것이 목적입니다. 그러므로 十二궁의 판단을 안다는 것은 대략이긴 하지만, 그 사람의 운명을 알 수 있읍니다.

관록궁(官祿宮)은 이마 가운데 있고, 윗사람 관계나 관청 관계를 봅니다. 명궁(命宮)은 눈썹과 눈썹 사이에 있어 그 사람의 희망을 봅니다.

천이궁(遷移宮)은 관자놀이를 말하여 주택의 일을 봅니다.

형제궁(兄弟宮)은 양쪽 눈썹이고, 형제의 일에 관하여 판단합니다.

복덕궁(福德宮)은 양쪽의 눈썹꼬리의 윗부분으로서, 손득(損得)에 관하여 봅니다.

처첩궁(妻妾宮)은 눈꼬리의 부분으로서, 배우문제(配偶問題)를 나타내고, 상속에 관한 것을 판단합니다.

전택궁(田宅宮)은 눈과 눈썹 사이 부분에 있고, 자손의 일을 봅니다.

남녀궁(男女宮)은 아래 눈까풀의 통통한 부분이고,

양쪽 눈 사이를 질액궁(疾厄宮)이라 부르며, 병에 관한 판단을 하고 재백궁(財帛宮)은 코부분이며, 재산에 관계되는 것을 판단합니다.

턱의 좌우를 노복궁(奴僕宮)이라 하고, 부하들에 관하여 보는 것입니다.

다음에 十二궁의 한 궁 한 궁에 대하여 자세히 설명하기로 합니다.

(一) 관록궁(官祿宮)

관록궁은 이마 중앙에 있읍니다.

이 부분에서는 윗사람 관계를 보는 동시에 그 사람의 운세의 강약도 판단하는 것입니다. 그밖에도 관제구설의 유무, 직업은 어느 방면이 적합한가, 재판의 승부 등도 관록궁으로 판단합니다.

관록에 두툼하게 살이 붙어 있는 사람은 운세도 좋고, 고용인이라도 반드시 상당한 지위에 오를 것을 약속할 수 있읍니다. 고용인이 되는 경우에도 관록에 불룩 살이 있는 사람은 관청에 적합한 사람까지 있어서 보통, 회사에 근무하기보다 훨씬 바람직하고, 윗사람의 발탁도 충분히 받을 수 있읍니다. 장사인 경우에도 관록에 살이 없는 사람보다 살이 있는 사람이 훨씬 성공하는 것으로서, 가장 좋은 상입니다.

관록에 불룩 살이 있는 사람은 비록 장남이 아니더라도 어버이를 계승할 것이고, 장남이라도 관록에 살이 엷은 사람은 어버이의 뒤를 이을 수 없읍니다. 그러나 이것은 인륜(人輪=귀의 相참조)에 관계가 있고, 인륜이 나온 사람이 관록에 살이 있고, 어버이를 계승한 경우에는 양자로 판단합니다.

관록에 흠이나 사마귀가 있는 사람이나 살이 적은 사람이 상속을 받았을 경우에는 반드시 어버이의 재산을 탕진해 버립니다. 만약 양자로 가서 남의 집을 계승할 경우에도 재산을 잃거나 집을 없애거나 하여 무엇인가 문제가 생깁니다.

(二) 명궁(命宮)

명궁은 눈과 눈 사이를 말하며, 이 가운데 한 부분을 인당(印堂)이라고도 합니다.

이 부분에서는 그 사람의 흥망에 관한 것을 판단합니다.

명궁의 폭이 좁은 사람은 정신의 안정이 없고, 사물에 대한 끈기도 부족하여 큰 일을 하면 실패하는 일이 있읍니다. 이와 반대로 명궁의 폭이 넓은 사람은 운세도 강하고, 웃사람에게 잘보여 상당히 성공할 수 있읍니다. 그러나 이것도 다만 넓기만 하다고 의미가 있는 것이 아니고, 명궁에 긴장미가 없으면 안 됩니다.

명궁의 폭은 가운데손가락 두개 정도의 폭이 좋고, 사마귀나 흠이 없고, 또 주름도 없으면 좋은 상으로 봅니다. 여기에 곤두선 금이 많은 사람은 자기의 소망사가 처음에는 순조롭게 진행되다가도 나중에 실패하여 고생이 많고, 가정 풍파도 많은 상이라고 판단합니다. 또 명궁이 유난히 넓은 사람은 좀처럼 병에 걸리는 일은 없으나, 정신적으로 치밀하지 못하여 성공하기 드문 상입니다.

명궁 폭의 좁은 사람이 윗사람의 귀염을 그다지 못 받는다는 것은, 명궁의 위가 윗사람을 나타내는 부위이고, 코는 중앙에 있어 자기의 몸 윗사람이 격리되어 있는 것 같아서, 그 때문에 윗사람의 인정을 받지 못하는 것입니다.

이와는 반대로 명궁이 넓고, 사마귀나 흠같은 결점이 없고, 좋은 상을 하고 있는 사람은 자기와 윗사람의 사이에 장애물이 없으므로, 자연 윗사람의 인정을 받는 결과를 기대할 수 있는 것입니다.

명궁의 폭이 좁은 사람이 육친과 친척에 인연이 희박한 것은, 눈썹을 집안으로 보고, 코를 자기라 하면, 명궁이 그 사이에 있으므로, 명궁이 좁은 사람은 가족과 자기와의 사이에 인연이 가늘 것은 당연합니다.

이와는 반대로 명궁에 사마귀나 흠이 없고, 그 폭의 넓은 사람은 가족과 잘 어울리고, 그 때문에 이익이 있읍니다.

(三) 천이궁 (遷移宮)

천이궁은 이마 양쪽 관자 부분을 말하고, 먼 곳의 일, 여행에 관한 일, 혹은 의사

등에 대하여 판단합니다. 이 부위는 혈색(血色)을 종합하여 판단하는 것이 보통이라고 생각됩니다.

(四) 형제궁(兄弟宮)

형제궁은 눈썹을 가리키는 명칭으로서, 형제의 일과 자손 유무를 판단합니다. 형제궁(눈썹)의 털은 검어도 나쁘고 엷어도 안 되는 것으로, 좋은 상은 좌우의 조화가 잘 되고, 단정하게 난 것이 좋읍니다. 이같은 상이면 사업을 하여도 반드시 성공할 것이고, 자손복도 좋읍니다.

형제궁이 눈보다 짧고 눈을 덮을 것같은 느낌이면, 그 사람은 재운도 나쁘고, 재산이 있는 사람이라면 점점 줄어들 것입니다. 이와 반대로 형제궁이 눈보다 길고 단정한 사람은 형제에도 가족에도 인연이 있읍니다. 더구나 재주가 있어 예술이나 기술의 재능이 있읍니다.

형제궁에서 형제의 일을 볼 경우에는 남자라면 왼쪽 눈썹을 남형제, 오른쪽 눈썹을 여자매로 합니다. 여자인 경우는 이와 반대입니다. 그러므로 형제궁에 잔금(눈썹이 끊어진 곳)이 있는 사람은 형제 사이가 나쁘든지 돌봐 주지 않으면 안 될 형제가 있거나 합니다.

크게 끊긴 금이 있는 사람은 형제를 사별(死別)하였을 것으로, 왼쪽 형제궁 머리에

― 25 ―

있으면 형이고, 꼬리쪽이면 동생입니다. 또 오른쪽에 끊긴 금이 있는 사람은 여자 자매에 사별했다고 판단합니다. 때로는 형제궁 가운데가 끊어진 사람도 있읍니다. 이 경우에는 눈의 동자를 중심으로 동자에서 눈썹머리가 가까우면 형이나 누이라 보고 동자에서 눈썹꼬리에 가까우면 동생이나 누이 동생이라고 봅니다.

형제궁이 굵고 단단한 사람은 날 때부터 고생거리입니다. 또 보통 상을 한 사람이라도 이부위가 갑자기 억센 느낌을 나타내었을 때는 아내에게 문제가 생기고, 아내의 형제궁이 이같은 상을 나타내는 경우에는 남편에게 문제가 생깁니다.

형제궁의 뼈(眉骨)가 높은 사람은 마음이 강하고, 나아갈 줄만 알고, 물러설 줄 모릅니다. 여자가 이런 상이면 좋은 아내 구실은 못합니다. 더구나 자기 생각만으로 일을 진행하기 때문에, 만년에는 좋은 결과를 얻지 못합니다. 형제궁이 어쩌다 가려울 때는 남에게서 선물을 받거나 편지가 오는 경우가 많습니다. 또 밖에 나갔다가 이런 일이 생기면 가정에 볼 일이 생겨 집의 사람이 찾고 있는 경우도 있읍니다. 이와 같이 금방 연구할 수 있는 것은 재빨리 확인해 보십시오. 그러는 것이 당신의 인상에 대한 판단을 더 한층 확실하게 합니다.

(五) 복덕궁(福德宮)

복덕궁(福堂、天倉)은 눈썹꼬리의 윗부분을 말하며, 재운이나 손득(損得)에 관계되는 일을 판단합니다.

복덕궁에 살이 많아 보이는 사람은 노력에 따라 성공도 할 수 있고, 희망한 일을 대체로 완성할 수 있읍니다. 그러므로 궁상인 경우에도 반드시 당신은 가난하다고 판단해서는 안 됩니다.

복덕궁은 천창(天倉)이라고도 하여 하늘의 창고에 해당합니다. 그러므로 복덕궁에 살이 많이 있는 사람은 자기의 재운이 하늘에 가득찬 것 같아서, 그 때문에 복이 있다고 합니다.

복덕궁에 살이 있고, 흠이나 사마귀가 없는 사람은 자연 돈복이 있어 산재(散財)할 걱정이 없고, 부귀(富貴)의 상이라고 봅니다. 이에 반해서 복덕궁의 살이 움푹 패인 것처럼 보이거나 흠이나 사마귀가 있는 사람은 아무래도 돈을 모으기 어렵고, 조그만 돈에도 궁색한 경우가 있읍니다. 복덕궁의 살이 움푹 패여 보이던가 살이 없는 사람은 주택이 좀처럼 안정되지 못합니다. 더구나 흠이나 사마귀가 있으면 어버이의 상속을 받아도 그 재산을 써 버리고 고향을 떠나 살게 됩니다. 그러나 살이 있는 사람은 이러한 걱정은 전혀 없읍니다.

복덕궁에 주름이 있어 살과 기죽이 떨어진 것같은 느낀의 사람은 금운(金運)도 적고, 매일의 생환에도 부족을 느끼고 있는 사람입니다. 이것은 복덕궁이 천창(天倉)인 이상 하늘에 재화(財貨)가 가득차 있지 않다는 이치입니다.

복덕궁이 언제나 오목한 것처럼 보이는 사람이 어느 시기부터 실이 불어서 힘이 생기면 그 시기부터 생활이 나아집니다. 이와 반대로 언제든지 살이 많이 있고 생활도 유족하던 사람의 복덕궁이 움푹 들어간 것처럼 보이게 되면 점점 생활이 어려워질 것입니다.

(六) 처첩궁(妻妾宮)

처첩궁은 눈의 뒷쪽 부분을 말하며, 배우자 문제를 판단합니다.

처첩궁이 대단히 오목하게 들어간 사람, 혹은 오목한 사람은 배우자와의 인연이 희박하고, 오랫동안 독신으로 결혼하지 않는 사람이 있읍니다. 또 결혼한 경우에도 인연이 바뀌기 쉬운 사람으로서, 자손의 인연도 두텁지 못합니다.

가령 결혼한 사람이면 부부 사이가 좋지 않고, 자연 가정도 원만치 못한 것입니다.

처첩궁에 사마귀나 흠, 주름 같은 것이 없고, 대단히 깨끗하게 보이는 사람은 대단히 복된 결혼을 하겠고, 결혼 후에도 부부 사이가 좋고, 행복한 생활을 보낼 상입니다.

이에 반하여 처첩궁에 사마귀나 흠이 있는 사람은 부부 사이가 좋지 못하고, 그 때문에 배우자가 바뀌기 쉬운 것입니다.

처첩궁이 대단히 높은 남자는 오목한 사람과 마찬가지로 좀처럼 결혼하지 않는 상이고, 결혼하여도 초혼(初婚)으로 만족치 못합니다. 이 상은 아내에게 있어서 문제거리

남편이라고 판단합니다.

여자의 처첩궁이 대단히 낮은 사람은 일생 동안 병을 앓는 일이 많읍니다. 또 남편에게서 여러 가지 문제에 대하여 여러 가지 고생을 당하고, 반드시 초혼으로 안정되지 못할 상입니다.

처첩궁의 살이 대단히 드러난 사람이 초혼으로 안정되는 것은, 어떤 것이나 가득차면 기우는 이치에서 아내를 지키지 못하고, 인연이 바뀌는 것을 뜻합니다. 이에 반하여 처첩궁에 살이 알맞을 정도이고, 사마귀나 흠이 없으면 좋은 결혼이 됩니다. 이같이 처첩궁은 부부 관계를 보는 부분이므로, 부부 사이에 장애물이 없다는 것을 나타내는 때문이며, 가장 좋은 상이라고 할 수 있읍니다.

처첩궁에 언제나 푸른 힘줄이 있는 사람은 그 사람의 아내가 병신이든가, 또는 아내에 대하여 무슨 걱정이 있는 사람입니다.

(七) 전택궁(田宅宮)

전택궁이란 눈썹과 눈 사이의 부분(눈도 포함)을 가리키는 명칭으로서, 상속에 관한 일을 판단합니다.

전택궁이 깊게 패인 사람은 생활에 실패하기 쉽고, 신장의 활동도 약하며, 마음의 안정도 안되는 사람입니다. 또 중년의 사람으로서 전택궁의 생채(生彩)가 없고 가는

— 29 —

주름이 많은 사람은 주택 문제로 고생이 많은 사람입니다. 이것이 농업에 관계되는 사람이면 농토에 대한 걱정이 있읍니다. 이것을 보고도 알 수 있는 봐와 같이, 인상을 판단할 때는 상대의 직업을 알고난 다음에 판단하는 것이 중요합니다.

전택궁에 사마귀나 흠이 있는 사람은 어버이의 뒤를 이을 수 없읍니다. 비록 계승하였다 해도 재산을 잃어 버리고 맙니다. 또 아내와의 인연은 한 번으로는 좀처럼 어려울 것입니다.

전택궁이 좁은 사람은 그 사람이 낳았을 때, 양친의 생활이 어려웠던 것을 의미합니다.

그렇지 않으면 생가(낳은 집)가 쇠퇴하기 시작한 때에 낳은 사람이 많은 것입니다.

다시 말하면 양친이 가난하면 자손의 전택궁이 좁다고 말할 수 있읍니다.

가난한 집에 태어난 자손이라도 전택궁이 넓은 사람은 반드시 성공합니다. 그러므로 어버이의 뒤를 이으려고 하지 않읍니다. 이것이 여자인 경우에는 꽃가마 탈 상이고, 상당히 좋은 데로 시집갈 수가 있읍니다. 이와 반대로 상당한 집에 태어 났어도 전택궁이 좁은 사람은 역시 어버이의 뒤를 계승하려 하지 않읍니다.

또 전택궁이 좁고 눈섭이 눈을 뒤덮을 것 같은 사람은 성급한 마음이 많고, 유쾌한 일이 적고, 사물에 대하여 끈기가 없고, 평생 여유 있는 생활을 보낼 수 없읍니다.

(八) 남녀궁(男女宮)

남녀궁은 눈 아래 뼈 없는 부분의 명칭으로서, 자손운을 판단합니다.

남녀궁에 살이 많은 사람은 착한 자식들의 덕이 있읍니다. 이와 반대로 남녀궁의 살에 짜임새가 없으면 마치 자손 사이가 짜임새 없는 것 같아서 자손에 인연이 희박하고, 비록 자손이 있다 해도 힘이 되지 못하는 것입니다.

남녀궁이 오목하게 들어간 사람은 자손연이 희박하나, 수하 사람들의 뒤를 잘 돌봐 주는 것입니다. 또 남녀궁에 사마귀나 흠이 있는 사람은 자손연이 희박하고, 손아래 육친이나 친척과도 화목하지 못합니다. 남녀궁에 사마귀나 흠이 있는 사람은 자손이 좀처럼 길러지지 않고, 길러져도 도움이 되지 못합니다. 또 옛날 책에는 여기에 사마귀가 있는 사람은 색정(色情) 문제로 한번은 실패한다고 씌어 있읍니다. 확인하여 보십시요.

여자로써 아래 눈꺼풀(속눈썹이 난 바로 밑을 와잠=臥蚕이라 한다)이 불룩 불그러진 느낌이 있고, 그 부분에 윤기가 있으면 임신한 상입니다.

그것도 오른쪽의 솟은 것이 더 세면 날 아이는 사내이고, 왼쪽이 더 세면 여식애를 낳읍니다.

남자도 자기 처가 임신한 때는 와잠(臥蚕)이 부풀어 오른 느낌이 있고 광택이 납니다. 날 아이의 구별을 남자의 와잠으로 볼 때는 여자의 반대로서, 왼편이 사내 오른편을 여자로 판단합니다.

그러면 여기서 임신 감정하는 비결을 공개하겠읍니다. 먼저 사내아이나 여식애나 이제부터 판단하려는 사람을 앞에 앉히고서, 얼굴을 움직이지 않고 눈만으로 위를 보게 합니다. 그때 아래 눈까풀의 속눈썹의 뿌리가 안쪽으로 말려들어가 밖에 나타나지 않으면 확실히 임신하고 있는 것입니다.

남자면 아내의 임신을 의미합니다. 또 아내 이외의 여자라도 자기가 관계한 여자가 임신하면 같은 변화가 나타납니다. 남녀궁에 관하여는 부인이나 연인에게는 보이지 않는 것이 좋을 것 같읍니다.

속눈썹뿌리가 안쪽으로 말려든다는 것은 남녀궁의 살이 불룩하게 부풀어 오르기 때문입니다. 와잠에 이와 같은 상태가 나타나는 것은 임신한 경우만이 아니고, 월경불순으로 오랫동안 생리를 보지 못할 때도 같읍니다. 그러나 이 경우에는 속눈썹이 안으로 말려드는 일이 없으므로, 앞에 말한 대로 시험하여 보면 곧 알 수 있읍니다. 불리지 않도록 판단하여야 합니다.

남녀궁이 풍만한 사람은 남자든 여자든 색정에 대하여 잘못 들기 쉽습니다.

（九） 질액궁（疾厄宮）

질액궁이란 두 눈 사이의 명칭으로서, 산근（山根）이라고도 하며, 병을 판단합니다.

질액궁은 지나치게 높지도 말고, 너무 낮지도 말아야 길상입니다. 길상이면 형제 우애도 좋고, 젊어서부터 운세도 상당히 좋은 것입니다. 물론 사마귀나 흠 같은 것이 있으면 안 됩니다. 눈썹은 가족이며, 코는 자기입니다. 질액궁은 코와 눈썹 사이에 있기 때문에, 여기 상이 좋은 사람은 육친이나 친척과의 문제가 원만합니다.

이에 반하여 질액궁이 오목한 사람은 운이 약하고 몸도 튼튼하지 못합니다. 더구나 사물에 대한 끈기도 약하고 이상도 낮습니다. 질액궁이 낮게 오목 들어간 사람은 대체로 신경질이고 여자라면 남편을 바뀌기 쉽습니다.

질액궁의 폭이 좁은 사람은 성격이 대단히 잘고, 세상사의 자잘한 일까지 잘 알고 있읍니다. 그러나 몸은 그다지 튼튼하지 못합니다. 또 이 부분이 조인 듯이 가는 사람은 육친이나 친척과의 인연이 희박하여서 고생 많은 인생을 지낼 것입니다.

이와 반대로 눈과 눈 사이가 넓은 사람은 그다지 지혜 있는 사람이 아닙니다. 개중에는 머리가 좋은 사람도 있으나, 세상사를 잘 알고 있는 분은 아닙니다. 여자가 이런 상이면 일찍 결혼할 상입니다.

（十） 재백궁（財帛宮）

재백궁（財帛宮）이란 코의 일이고, 재운（財運）을 판단합니다.

(十一) 노복궁(奴僕宮)

노복궁은 턱(地閣)의 좌우를 말하며、수하 사람과의 관계를 판단합니다. 노복궁의 살이 풍만하고 사마귀나 흠이 없는 사람은 자기를 위하여 힘써 주는 손아래 사람이 많읍니다. 그 때문에 자기의 사업이 순조롭게 진행되어 크게 성공합니다. 이에 반해서 노복궁의 살이 얕막하고 좁은 사람(턱이 뽀족한 사람)은 많은 부하가 있어도 정말 자기를 위하여 힘이 되어주는 사람이 없고、혹은 고용인이 안정되지 못하고、그만큼 자기가 고생하는 것입니다.

노복궁에 흠이나 사마귀가 있는 사람은 자기가 도와준 부하나、혹은 전혀 관계 없는 수하 사람으로부터 이용 당하고 손해를 봅니다. 또 분수 이상으로 돌봐주어도 수하 사람이 따르지 않아 외로운 생각을 하게 됩니다. 그러므로 사마귀나 흠이 노복궁에 있는 사람은 수하 사람에 대하여 어느 정도 주의를 하는 편이 좋을 것입니다.

(十二) 상모(相貌)

상모란 어떤 일정한 부분이 아니고 얼굴 전체의 일이고 여러 가지 판단을 합니다.
즉 특정한 부분을 보고 어느 정도의 판단을 하고、그 다음에 얼굴 전체에서 받는 느낌을 종합하는 것입니다. 말하자면 인상의 종합입니다. 상모(相貌)는 제六장 상법등용에 서 더 자세히 설명하여 보겠읍니다.

제二장 얼굴 및 상법(相法)의 유형

1. 얼굴의 골격별 유형(骨格別類型)

(一) 圓字型 〈榮養型〉

몸 전체가 뚱뚱하고, 살도 잘 붙어있고, 얼굴도 원형 즉 원형면(圓形面)으로서 모발(毛髮)은 부드럽고, 나이를 먹어감에 따라 대머리가 되는 경우가 많습니다. 귀가 풍성하고, 귓밥에 살이 많으며 피부색이 맑고 명랑한 사교가형(社交家型)이고 이성(異性)에는 약한 타입이고, 의외로 소심(小心)한 사람이 많고 미식가(美飮家)로 잘 먹고 잘 잡니다.

사람이 좋고, 호인이고, 인정이 많은 사람인 경우가 흔합니다. 남녀 관계는 활발한 편이나, 담백하고, 집착력이 적고, 심각해지는 일이 거의 없으며 남녀관계는 연애 유희나 재미로 끝내는 편입니다.

(二) 目字型 〈筋骨型〉

장방형(長方形)의 얼굴. 소위 마상(馬相)입니다.

단단한 근골형의 몸을 가지고 얼굴은 딱딱한, 모가 난 느낌이고, 얼굴빛도 거무티티 하며 건강한 느낌입니다.

지칠줄 모르는 노력형이고 남에게 지기를 싫어하고, 의지가 굳습니다.

일에 대해서는, 남에 대한 인정이 없기 때문에 독주하기 쉽고, 그러나 착실히 쌓아 가면 중년 이후에는 지휘와 명성을 함께 얻을 수 있읍니다.

운동가로 투사형(鬪士型)이며, 여자는 직업 여성으로 남자 이상으로 일을 합니다.

결혼해도 가정에만 있기를 참지 못하고, 사회에 나가 활동할 운명의 여성입니다.

(三) 甲字型 〈心性型〉

머리의 발달이 좋고, 턱으로 내려 오면서 좁아지는 형입니다.

머리칼은 새까맣고 숱이 많습니다.

지력(知力)은 우수하지만, 실행력이 약한 사람입니다.

섬세한 신경을 가지고 있으며 자상한 성격이고, 기억력이나 상상력이 뛰어납니다.

두뇌가 좋은 사람이지만, 체력은 약합니다.

사교나 거래관계는 신통치 않고, 연구나 학문을 좋아합니다. 참모형(參謀形)으로는 아주 유능할 것입니다.

(四) 同字型 〈筋骨混合型〉

사골(腮骨)이 발달한 사람이며 즉 사각형으로 폭이 넓은 사람입니다.

이것은 앞서 말한 세가지 형을 합한 형으로, 인상학에서는 거물형이라고 합니다.

대 정치가나 문호(文豪), 실업계의 거물은 이런 얼굴이 많고, 재상(宰相)의 상으로 역사상의 인물에 많은 형이기도 합니다.

행동력이 좋고, 유유자적 침착한 성격입니다.

느린 것 같지만, 모든 일의 급소(急所)는 정확히 파악하고 있어서 실패가 없읍니다.

사람을 부리는 요령을 알고 있고, 연애를 해도 든든해서 안심할 수 있고 이성에 인기도 좋습니다.

(五) 田字型 〈榮養混合型〉

근골혼합형(筋骨混合型)보다 살이 쪄 있읍니다.

이 형도 세가지가 합한 형인데, 그 기본적 느낌은, 영양질이기 때문에 역시 통통하고 이중 턱으로, 볼에 살이 많이 붙어 있읍니다.

허리가 무거워 행동은 느리지만, 실행력은 충분하고 무겁게 버티고 앉아, 사람을

- 37 -

지휘할 타입으로서 내구력(耐久力)도 있읍니다. 정신적으로 여유가 있고, 관용성이 있고, 정력이 좋고 얼굴과 몸의 살색이 윤택하고, 금운(金運)이 좋고, 배짱도 있읍니다.

여자가 이 타입이면, 여사장이나 요정 마담으로 성공하고, 연예계 일선에서 뛰기도 하며 소위 여장부 상으로, 젊은 남자에게 인기가 있읍니다.

이러한 형의 얼굴과 접촉이 잘 되면, 어떠한 고민거리도 손쉽게 해결해 줄 능력과 실력이 있으므로 안심이 될 것입니다.

(六) 由字型 〈榮養筋骨型〉

위 보다 아래가 퍼진 모양의 얼굴입니다.

머리는 그다지 치밀하지 못하지만, 근골질(筋骨質)의 끈기와 밀고 나가는 힘으로 고난을 극복하고, 그 위에 영양질이 가지는 사교성과 포용력으로 성공을 거두게 됩니다.

소년시대는 혜택을 받지 못하더라도, 중년에서 만년에 걸쳐 크게 자랄 형입니다.

고학 노력형(苦學努力型)이지만, 만년에 가까와지면 돈이 들어오면, 본성적 행동을 일으킬 수가 있읍니다.

목적을 위해서는 수단을 가리지 않는 성격도 있어서, 소위 오직족(汚職族)이 많은 것도 이 타입입니다.

이성에 묽고, 무책임한 경우도 있으므로, 이 형의 남성과 접촉하는 여성은 조심할 입니다. 스캔들이나 횡령 사건에 말려들기가 쉽습니다. 여성인 경우도, 악녀의 본성을 가진 여자가 많고, 혹은 형편없는 남자에게 빠질 수 도 있읍니다.

(七) 申字型   《心性筋骨型》

관골(觀骨=광대뼈)이 튀어 나와 있읍니다.
행동력은 왕성하지만, 깊은 사고력와 기획성이 부족하고 현실 주의자이고, 성급한 사람입니다. 맹렬 사원이 되기 쉬운 타입으로, 자주적 행동을 취하면 실패할 수도 있 읍니다.
부지런히 활동하는데 비해서 돈이 들어오지 않으므로 소위 노비성(勞費性)인 사람입니다. 강렬한 지지자나 후원자가 나타나면, 천성의 행동력으로 어떠한 어려운 일에나 적극 적으로 들러붙는 타입이므로, 무슨 일에나 독단적으로 하기 때문에, 부하에게 인기가 없는 타입이고 원한을 사기도 쉽습니다.
가정운은 시원치 않읍니다.
만년은 쓸쓸하게 보낼 상입니다.

쉬 뜨거워지고 쉬 식을 성격이고, 인내심과 끈기가 없는 사람이기도 합니다.

알코올과 이성에 빠지기가 쉬운 타입입니다.

만일 이쪽이 마음을 주고 접근하면, 그 역시 그에 응할 것입니다.

(八) 王字型 〈變形 筋骨型〉

광대뼈가 옆으로 퍼진, 날쌘 인상을 풍기는 얼굴입니다.

심성 근골형(心性筋骨型)보다 폭이 넓은데, 말라 보이는 몸은 건강하고 튼튼하며, 믿음직합니다. 목적을 달성하지 않으면 물러서지 않는 집착성(執着性)과 실행력이 있읍니다.

권모술수가 능하고 음모가이기도 하기 때문에, 안심할 수가 없고 라이벌에게는 끝까지 도전하여, 끝내는 떨어뜨리고 마는 성격입니다.

노동조합 간부든가, 노동 운동의 투사에 많은 타입이고, 공격적인 사람이며 권력을 쥐면 마구 휘두르는 경향이 있읍니다.

목적을 위해서는 수단을 가리지 않는 성격이 있으므로, 중년 이후에는 생활력이 늘고 사업에도 호조가 오겠지만, 외로운 꿀벌의 상이기 때문에 가정적으로는 쓸쓸할 것입니다.

이 타입과 사귀기 위해서는, 상당한 주의를 기울여야 할 것입니다.

― 40 ―

2 상「相」의 세가지 분류법

1章、 圓形 잡는 법 〈物形을 고른다〉
원형의 상위에 부위를 지나는 연령난을 알고 물형을 확실히 판단해야 합니다.

2章、 五行의 원리를 터득한다. 〈金・木・水・火・土〉
오행에 위치한 높은 산, 낮은 계곡, 일종의 바란스를 의미하여 사철 봄, 여름, 가을, 겨울의 계절을 밝히고 본인이 계획하는 계절을 찾아봅니다.

3章、 五行의 바탕위에 흐르는 「氣色」을 관찰한다.
오행위에 열세가지 균형을 이룬 장소를 잘 알고 그 위를 흐르는 다섯까지 색장을 흑, 백, 적, 황, 청색을 분별하여 복잡색상의 혼동을 분석, 궁금한 그때가 계절로서 혹은 어느방향으로 이동하는가를 잘 분별하면 됩니다.

※ 이제부터는 원형의 시작부터 부분분해를 해서 인상과 실물을 겸해 연구한 실제론을 설명하겠읍니다.

※ 한없이 많은 인간의 상이 주로 알기쉬운 동물의 형태에서부터 흔히 보기드문 물고기의 형상까지 나오며 거의 진품상에 가깝다면 그 상이 꼭 때를 만나면 야구선수가 홈런을 쳐올리듯 대성을 하게되는 것 입니다.

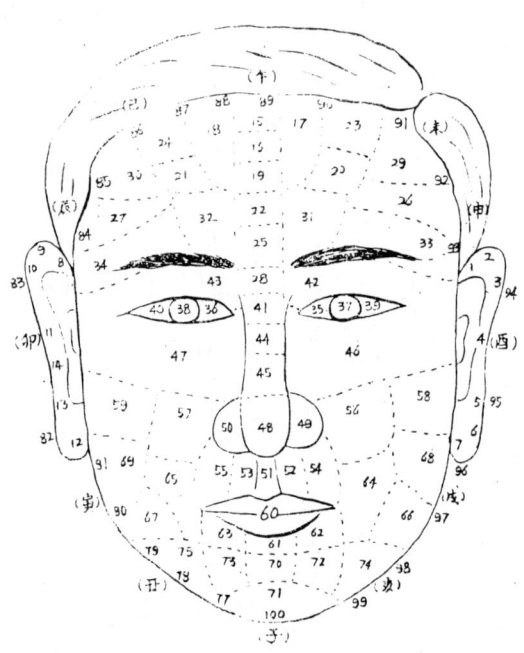

人面部位總圖

流年部位圖

— 42 —

〈人面部位總圖〉

제三장 원형 잡는법과 성쇠의 시기

1 호랑이 상(相)의 상품(上品)

몸집보다 두상이 좀 크게 보이며, 두눈 둘레가 부리부리하며, 살집이 두꺼우며, 이마와 얼굴에 주름의 선이 굵으며, 입술이 두텁고, 넉사자 입양끝이 상으로 치켰고, 손이 넓고 손끝이 가늘지 않으며, 행동자세는 민첩하고 이마는 넓지 않고 두눈썹 뼈머리가 나온듯하고, 걸음걸이가 넓으나 눈썹에 간혹 긴 눈썹이 서있는 듯 길고, 두눈썹과 (보수관) 눈(감찰관)의 사이가 넓으며 안광의 광채가 오광이 흐르는 듯 날카롭게 번쩍일때, 목소리가 돋우어 힘있을 때라면 그 연령이 19세든 60세든 상관없이 놓여진 어느분야에서든 큰 권력을 얻고 만인을 누르며 명성이 훈훈해집니다.

만약 두 눈썹에 나온듯「선」눈썹이 주물러앉고 두눈에 번쩍이는 광이 시들때는 긴 여행, 오래된 병수술, 새롭고 큰일을 시도하는 일은 절대로 금물이다. 그때를 모르고 여행을 하다가 과격한 충돌사고나 물의 사고로 피곤으로 몸을 상할까 두렵고 큰일이란, 새사업을 움직일 기업인, 정치에 참여하는 개혁의 선거때이거나 재산투자, 고시시험, 입학시즌, 어느대사를 막론하고 그릇이 큰 호랑이가 잠시 졸고 있는 때이므로 기발한 아이디어나 맑은 정신이 돌지않아 다른 경쟁자에게 패하는 때이므로 근신하고 충분한 휴식을 한후(때를 기다린다는 뜻) 큰행사에 참여하는 것이 현명합니다.

2 호랑이 상(相)의 하품(下品)

몸집이 크다기보다는 넓은편인데 별로 크지않고, 두눈의 빛과 날카롭게 광하고 입양쪽끝이 아래로 쳐지고, 신체구조나, 얼굴원형 어딘가 일그러진(남북이 갈렸다) 데가 있고, 살결이 희고, 눈알이 푸르거나, 누르고, 음성이 갈라지는 듯 「쇠」하고 눈썹뼈가 평평하고, 눈썹사이 가깝고 짙은 눈썹을 가진 이런 사람은 성격만이 조급하고 잔인하게 직권 남용을 잘하고 때로 야비하게 사람을 잘 괴롭합니다. 어느 보호단체에서는 윗사람도 되고 개인 소규모업주도 많다. 특히 좋은 시절을 만나서 상위인으로 일처를 할 자격이 오면 참을성을 기르고 급한 성격을 잘 조정하면 좋습니다.

호랑이상은 주택을 나무나 숲이 있는 언덕위에 위치하면 건강(혈압)과 사업에도 매우 유리합니다.

※ 원래 호랑이는 산위에 왕의 자격을 갖고 있으나 제격에 「때」를 만나는 호랑이는 남의 고용인된 생활은 전혀 못하고 학문을 갖고 지식을 갖춘 분은 사회 각분야에서 큰 두각을 나타내고 학업이 중단된 분들도 각자가 재질을 익혀온 계통에서 적은 규모대로 왕권을 부릴 수 있읍니다.

3 호랑이 상(相)의 직업 및 길지(吉地)

직업 :: 운수업・물을 다루는 종류
　　　　순수 물을 다루는 계통의 직업은 불리하다.

吉地名 :: 木・林・山 이런글 자체로 형성된 동리에서는 급란, 급병을 막을 수 있다.

不地名 :: 井・海・田・火・水 이런체로 형성된 동네에 오래살면 사업, 건강, 자손 어느곳에도 큰 발전이 없고 놀랠일을 자주 당한다.

※ 이외에도 호상을 띤 상중에 참고로 몇가지 첨부합니다.

① 한가로이 풀밭에서 뒹굴며 재산(동굴을)을 지키는 여유만만한 호랑이 도 있고,

② 배가 부른후 새끼 재롱을 보느라고 엎드린 암호랑이 상도 있고,

③ 먹이를 찾아 추운겨울 동면한 짐승을 찾는 「어슬렁」대는 호랑이도 있고,

④ 야심에 가득 차 두눈에 누런 독을 갖추고 「으르렁」거리는 상도 있고,

⑤ 짝잃은 두눈에 슬픈 눈물을 질금거리며 어슬렁대는 애처로운 호랑이 상도 있읍니다.

그래서 모두 그때는 표현, 혹은 때를 찾는 머리형의 호랑이 상도 있기 때문에 무조건 어느상이 좋고 나쁘다고 말할 수는 없는 것이다. 다만 정신력이 투철한 때에 운이 나 적시를 기다리는 「상」을 분별해서 「기색」과 잘 적응하면 됩니다.

― 45 ―

4 「어드바이스」편

비율=몇년전 우연히 파고다공원 앞에 있는 어느「초상화」가게앞에서 발길을 멈췄다. 유명하고 특히 결백하고 나라와 민족을 위해 큰일을 하신 故 조박사 초상화를 보고, 그 어른의 인품이 너무「虎相」이라 명하니 서있었다. 그렇게 국가에 공헌하고 또, 생각외로 갑자기 돌아가셔서 부모님들이 억울해 하시던 기억이 났다. 그 어르신네의 입양쪽 끝이 무겁게 밑으로 쳐지고 두 눈빛이 초롱하게 그려진 초상화위로 이마와 뺨에 굵은 주름의 선이 왕권을 못다하시고 가신「원한」이 보이는 것 같아서 황황히 발길을 돌린후, 호상에서 늘 생각하게되는 첫째 진품의 상 입니다.

또 한분 영화배우 박노식씨다. 그분이 가끔 터뜨리는 많은 액션영화에서, 그 분의 턱이(지각)후배를 양성해도(꼭 영화라고 말할 수는 없다)후덕이 있고 자손에게도 경사가 있을 것으로 믿는바다. 입이 전체원형보다 적은 편으로, 가끔 매스컴에서 듣는 주먹세례 운운설이 그 까닭이 아닌가하고 좋아하는 옛날「팬」으로서 아쉬움이 들때도·있읍니다. 분야는 각기 다르지만 삼척동자도 다 알아주던 그 명성의 권위가 과히 왕권을 부렸다고 보는 것입니다.

5 용상(相)의 상품(上品)

— 46 —

용의 상에도 청룡도 있고 흑룡도 있다. 용이란 가상의 동물이고 푸른청룡이 때를 만나 승천하는 때는 유난히 기후가 거친후라야 하는 것, 큰개혁의 울림을 의미합니다. 국가의 중대사를 등에 업고 생사를 초월해서 혁명이나 판도가 달라지는 진품을 논하기가 어렵다는 뜻입니다.

이마가 너그럽고 반듯한 가운데 양편으로 불룩나온듯한 이마에(일각, 월각) 윤이 반들거리며, 눈매에 살짝 꺼풀이 얇고, 눈알이 결코 나오지 않으며, 먼거리를 지켜보는 듯 섬세하고, 크지도 높지도 않은 준수한 코가 크지도 작지도 않은듯 긴여유 있는 입매와 외모 전체가 크지않아 야하며, 붉은 혈색의 입술, 그얼굴 전체 모습위에 은은히 황윤색의 빛이 흐르면서 두눈에 빛이 숨은듯이 반짝이고 칠흑처럼 검으며 울려퍼지는듯 다스려지는 음성이 화하게 모여질때는 변동을 기다리는 때가 온 것이며, 청룡이 그런때는 만백성을 다스리는 임금님도 될 수 있고, 과거에서 장원급제 할 수 있으며, 숨은 소원을 갈고 닦아 천둥번개(사회구조)를 헤쳐 그 이름을 빛내는 절호의 기회를 만납니다.

언제 번개친 사나운 기후가 있었느냐 는듯 찬란한 태양이 광명을 내리고……너무 거친 기후가 승천을 향해 꿈틀대는 용의 깃을 상할 우려도 있읍니다. 고요히 안개처럼 조용한 날을 택해서 뇌성이 치는 순간을 잘 이용하면 큰 덕망을 입는 출세를 하게됩니다. 용이란 원래 구설을 많이 듣는다. 용상이 너무 일찍 출세하며 그 도는 닦는 시간이 부족해 높은 직위가 어렵고 진품용상 이라도 중년의 (40) 대 후라야 함을 첨부합니다.

6 용상(相)의 하품(下品)

이마가 훤출하니 넓고 두눈이 완전히 크고 조는듯 하고, 코가 낮고, 입은 보통이나 혀가 길고, 귀가 올려 붙은듯 하고 허우대가 크고 작은덴 영향이 없다 살결이 좀 검은편이고, 얼굴 상하의 배향이 잘 안되고 머리카락이 곱슬이거나, 두상이 크면 용상에 격이 파한 이치입니다. 일정한 장소에 꾸준히 앉아 무얼하는 것 보다는 침착성이 결여됐고, 의협심이 있어 남보다 앞장선 일을 잘하기 때문에 악심은 없는 분으로서 「허」를 찔리는 경우가 많습니다.

사업은 꾸준한 노력이 필요하기 때문에 엄벙덤벙 많은 이동을 하는 것은 자기 「패」를 하는 경우가 많고 성격을 잘 가꾸면 독특한 분야에서 「꾀나「지혜」로 하는 일들은 성공으로 이끌 수도 있읍니다.

7 용상(相)의 직업과 길지(吉地)

직업 : 선박, 해운업, 무역업, 의료업, 생산업, 종교인

吉地名 : 河·海·江

— 48 —

不地名∷井·川·岩·火·山

※ 용이란 水中에서 「도」를 닦아 승천하는 것으로 유전합니다. 어느때를 향하여 기회를 찾다가 유능한 능력자가 무능한 일평생을 보내는 예도 많습니다. 용상 모두가 승천이란 힘들고 청룡의 진품상은 큰 관복을 입는다는 뜻이고 타선에서 노력하는 용상은 지구력만 있다면 성공여부가 만만하다. 「꾀」가 많은 어린시절 정도로 가지않고, 아는 것을 빨리 터득해 빗나가는 일도 있읍니다.

※ 이외에도 다른 얼굴을 지닌 다섯가지 용상도 첨부합니다.

① 두눈 빛이 잔잔히 빛을 발하며 용솟음 칠때 기회를 만난 청룡이 동조자를 구하는 상도 있고,

② 너무 과격히 꿈틀대다 깃을 상해, 신체상의 불구가 되는 경우 혹은 남의 눈 등에 주저앉아 옥중생활을 하는 상도 있읍니다.

③ 도를 닦는다고 오래 고독한 생활을 하는 결벽증 때문에 독신자나, 종교인, 혹은 외딴 외국생활을 하는 마음의 고독을 많이 갖고 사는 분도 있읍니다.

④ 너무 술을 즐기는 물속에서 헤어나지 못하고 눈빛이 맥이 빠져 낙오된 상도 있읍니다.

⑤ 꾀가 많아 한 세상을 「技」를 다루는 예술분야에서 자위를 즐기며 취미를 살리는 상도 있읍니다.

그외에도 남보다 투철한 실력으로 사업가도 많고 특히 무역업계 종사자도 많지만 급격히 놀랄 일을 당하는 경우가 많으니 침착성을 길러 인내를 요합니다.

8 「어드바이스」편

비율=필자가 상담실에서 용상의 곱상한 여자손님을 만난 적이 있읍니다. 두눈에 광채가 밖으로 내솟고 환경때문에 피곤해진 음성이 쉰듯이 갈라지는「파.음」이었읍니다. 웃는얼굴에 화기는 보이지않고, 눈가위에(삼양, 삼음)눈주위에 푸른색이 감돌며, 독백처럼 내뱉는 말씨는 남편을 저주, 그 사연에 너무 신경을 써 신경성에서 왔다며 다리를 부축이는 나무지팡이를 짚고 있었읍니다. 연령은 30代후반기, 얼마나 정신적인 학대를 받았으면 감이 센 것을 무척 동정하고 싶은 여인이었읍니다. 차라리 이혼을 권장했는데 너무 울해서 그 남편이 비참하게 망하는 모습을 보겠다고 했읍니다. 그 여인의 두손을 꼭 잡고 운명을 거역하느니 숙명으로 돌리고 상대를 궁지로 몰지말고 그 시간을 활용해 자신을 발전시키고 의사선생님과 상담해 아픈다리를 치료하고 때가 주어지면 재혼이나 취미생활로 보람을 찾으라고 했읍니다. 제2의 불행을 저지르느니(눙히 얼굴 전체에 급란을 저지를 색상과 눈빛이 이상한 광색이였읍니다.) 그런 상대와는 완전한 결별을 하고 많은 세월이 흐른후, 오늘의 쓰인 내가 한 인격을 바르게 향할 수 있음을 토론했읍니다. 상대의 몸을 생활태도 때문에 지친 복수가 어떤 범법행위를 저지른다면, 가치없는 영어의 몸이 된다는 상식을 그 여성도 너무 잘알고 있기 때문에 용의 상을 갖춘 많은 분들의 현명한 침착성을 바랍니다.

비율 ═ 코메디언 이주일씨. 항시 자신이 추남이라고 말하고 절대 웃지 않습니다. 절맞은듯 하지만 무공무진한 피로 발전을 약속받은 듯한 그 얇은 눈에 조는듯한 눈빛, 그리고 만인에게 웃음을 줍니다. 넓은 이마와 (천창) 사각의 턱 (지각) 혹시 술을 즐기는 편이라면 그것만 적당량으로 줄인다면 대단히 좋은 앞날이 전개되는 분입니다.

비율 ═ 몇번인가 가본 어느 다방에서 진품 용상을 봤는데, 준수하게 잘생긴 남자분이었읍니다. 넓은이마, 약 간 살아나온 양쪽이마, 살짝 꺼풀진듯 반듯한 눈매, 은은히 빛나는 눈빛, 잘 다져진 용상인데, 호사다마라고 할까, 두번 볼적마다 목발을 짚고 있었읍니다. 틀림없이 수중에 용이 어떤 변혁의 시기에 사람의 파도속에서 입었을 상처인 것같은데 깔끔한게 다 갖춘 용의 상이 「깃」을 상한 것입니다. 넓게 포용하는 음성이 욕심스럽게 들리는 것 같아서 투기업 종사자 같았읍니다. 정치를 했었더라면 아쉬운 마음 앞섭니다. 명예와 권세, 아니면 부귀도 누릴 상입니다. 같은 여성이라면 친구와 같이지내고 싶은 좋은 상이고. 그 용상이 정상인 이라면 직업소개를 하면서 연구에 도움을 청할 수 있으련만 상대의 프라이버시를 침해하는 것 같습니다. 잠시 눈을 감고 저 유명한 「루즈벨트」대통령의 모습도 모르면서 생각하며 대조하는 환상을 해봅니다. 참으로 좋은 상입니다.

9 학상(相)의 상품(上品)

鶴相은 高高한 것을 제일로 치고 그중에도, 白鶴도 있고 黃鶴도 있고 紅鶴도 있다.

흰학은 몸집이 비대하지 않고 청빈해 보이며 키가 큰 편에 속하며, 얼굴이 맑고 갸름하며, 목이 길고 팔, 다리(사지)가 길다란 편에 속합니다. 화려한 사치를 별로 즐기지 않고 홀로 고고한 것을 즐깁니다. 얼굴색이 하얗게 피어나는 색상을 갖고 가느다랗고 부드러운 모발을 했으며, 칠흙처럼 새카만 눈동자에 알이 구르지 않으며 눈양쪽 끝이 아래로 드리워지며 주로 쌍꺼풀 지지않는 동근눈이 제격입니다. 치아가 고르며 웃을때 유난히 맑은 빛이 나오며 웃는 음성은 크지않읍니다. 이마가 반듯하고 검은 눈동자가 평한듯 수(水)를 드리우며 빛이 날때, 겸하여 치아에서 윤나는 빛이 동시에 발하면 정치인은 관에 등용되며 여성이 그렇게 되면 남편의 명성이 하루아침에 빛을 냅니다. 주로 학자가 많으며 교육계에 종사하는 분들로서 청빈하고 마음이 높기 때문에 사업가나 기업인으로서는 맞지 않습니다. 종교계, 교육계, 정객의 부인이 학상을 띠워도 남편이 처한 분야에서 오랜 동안 좋은 역임을 해내며 남성들의 모발이 백색이 드리워지고 수염이 겸하여 희어질

— 52 —

때라면 걸어온 직위등 변경하거나 염색으로 검게하는 것은 안됩니다. 본의 아닌 큰실수를 저지르거나 명예가 오염에 젖어 본색이 흐려지는 이치라, 은발이 날리는 자연의 색이 올때는 만능의 직업속에서 한없는 존경속에 영원한 명예를 후세에 남깁니다. 항시 많은 대중앞에서 명언을 남기며, 바쁜듯이 보여도 실은 홀로있는 시간은 누구보다 사념에 잠겨 조용한 것을 원합니다. 약한듯 보이나 집념이 강하고 양보를 잘하는 것 같지만은 본인의 직접된 관계에서는 절대 적극적이기 때문에 한치의 양보는 물론 쓸데없는 잡담은 싫어하는 형입니다. 그래서 더욱 깨끗이 보이며 사실은 홀로 높은 뜻을 안고 지냅니다. 창솔푸른 가지에 한가로이 흰날개 접으며 접으면서 한폭의 그림인양 내면의 생활을 즐기는 외로운 독신자도 많습니다. 진품의 학상은 법조계, 교육계, 종교계, 정치계에서 타의 불의 속에 물들지 않으려 기 때문에 평정한 세월속에 무한이 발전하나 과도세월속에서 무능한 세월을 보내는 경향이 많습니다. 특히 시대 분별을 요하는 외에 침묵의 세월이 흐른다는 뜻입니다.

10 학 상(相)의 하품(下品)

주로 홍학(紅鶴)을 가리켜서 말하는 것이나 시대의 변천때문에 부로서 치부한 후는 사람들이 어느 계열에서 돈을 벌었느냐가 아니고 현재의 황금만능을 우선하는 몰지각인이 우세한 시대엔 직업의 귀천은 안따지니 한심한 일입니다.

홍학은 음악이 흐르면 음율에 맞춰 춤을 추는 학입니다. 예쁘고 붉은 홍조를 띤 입술 겸은 눈, 오똑한 코, 美를 우선하는 인물이 많으나, 자세히 보면 박력이 없어 맥이 빠진듯 보입니다. 홍학은 화려한 장소 어디서나 고급음식, 고급장소, 고급의상, 멋과 관계되며 특히 여성인 경우엔 의외의 장소에서 유명한 저명인사들을 쉽게 만날 수 있는 직업인이 많습니다. 연예계에서도 볼 수 있고 일류요정에서도 볼 수 있읍니다. 팻숀계, 디자이너, 다방가, 레스토랑 등에 종사자가 많습니다. 연예계 종사자는 홍학외에도 까치상, 공작새 상도있어 같은 연예인이라도 구별은 반드시 있고, 요정가, 유흥가에도 참새상, 공작상 도 있고 구별이 많습니다. 팻숀계도, 날개편 공작상도, 붉은벼슬(입술색) 닭상도 있고 홍학에 물먹음은 상도 있으니 오해없기를 바라며 음악이 흐르면 매력있게 춤도 추며, 몸매 도 아름다우며, 다른 「작」ㄴ형(새)보다는 일류요정가에서 손꼽는 유명한 인사들도 만나 기가 쉽습니다. 학이기 때문에 高高한 것을 찾느라 뒤바퀴는 형국을 의미합니다. 잘새 겨 보면 재미있는 이치입니다.

① 편안한 길지를 찾아 살고장을 원래 허공을 날으는 고단한 학도 있으나, 뜻이 고매한 것을 느끼게 하는 학도 있고,

② 푸른솔가지 홀로 고독을 즐기는 독신의 깨끗한 학도 있고,

③ 품위를 자랑하며 찬란한 태양을 받아 더욱 찬란한 은학의 영광을 누리는 명예로 운 학도 있고,

④ 온갖 높은 뜻을 가슴에 안고 화려했던 지난날을 회상하며, 함부로 위신과 체면때문에 고독을 못푸는 黃鶴도 있습니다.

⑤ 불빛이 대낮같이 밝게 비추는 휘황찬란한 장소에서 고급의상 모두 차려입고 음악에 울고 웃으며, 돌아가는 자신의 시간에 허무한 고독을 씹는 학상도 있읍니다.

※ 학이란 원래 높고 깨끗하게 고매한 새로서 품위는 자랑하지만, 과부나 홀아비가 많은 것도 사실입니다. 백학은 절개를 제일신조로 하기때문에 높은 명예이면에 반드시 고독의 시간을 많이 갖고, 여성은 높은 신분의 부인이기 때문에 더욱 말할수 없는 고독의 시간을 갖고 있읍니다.

홍학은 높은새 그대로 자신의 신분금지 세상에 밝혀지는 예능계통에도 많습니다. 즉 요정이나 이중생활 흔히 말하는 현지처들 중에서 쉽게 높은분들 유행하는 의상 모두 쉽게 구하는 시간이 많으나 그 높은분이 영원한 배우자가 아니고 고급의상이 한가지에 그 칠수 없기 때문에 치부를 위해 힘쓰고 고독할 훗날을 위해 절약을 필요로 해두는게 좋습니다.

Ⅱ 학 상(相)의 직업과 길지(吉地)

직업 :: 진품상은 사업은 금물, 정객, 법조계, 교육계, 예술계

吉地名 :: 林·松·木·平·高·天·樂

- 55 -

不地名∷金・海・火・井・江

12 「어드바이스」편

비율≡白鶴의 상징으로 돌아가신 故, 육여사를 꼽습니다. 많은 일반인이 그분의 상상이라 지체높은 國母의 相이라 말했읍니다. 살아계신 생전에 그분의 두루 펴내신 인자한 상이라 일화가 얼마나 덕담으로 남았는가 역시 고매한 성품은 학의 성격 그대로이며 넓은 학의 창공을 휘졌고 나는 (飛)大鵬의 相이었기에 높은자리 은학의 자리에서 일반인 처럼 내색할 수 없는 고독한 시간도 많으셨으리라, 성품이 고루 평하고 검은눈동자 양끝으로 쳐진 눈매, 인자한 입매, 목이 길고 키가 훤출하고, 손색없이 평정하셨든 인자한 어머님의 상 國母 훗날 또한 어이없게 가신님 國父. 약 20년간 엄격하고 묵중하고, 선이 강한 정치 상으로 만백성을 다스렸든 영도자. 한마리의 청용이 혁명(도를 닦다 승천)을 이루었고, 대차고 매섭고 끈질긴 집념으로 우리의 살림을 한없이 청룡이 하늘을 날음에 비 바람, 천둥에 구설 또한 시들날이 없읍니다. 발전시킨 대표적인 분들입니다. 그 두분 옛날로 말하면 「활」촉에 운명하신 듯입니다. 그리고 「宮井洞」우물정자가 든 동리에 너무오래 머무르신것 같습니다. 국민의 한사람으로 진실로 존경의 애도를 표하며, 끝으로 많은 역사가 들이 빛냈던 업적만큼은 선명히 빛이 나도록 기록할 것으로 믿는 바입니다 영원히 깨끗한 영광을 안고받은 진품의 학상 영애, 근혜양 꼭 한번 만나보고 싶습니다.

평화로운 발전을 바라는 마음입니다.

비율＝黃鶴의 상징으로 엄사 모님을 들 수 있습니다. 편편하게 반듯한 이마, 거의 흰자 위가 보이지않는 검은눈동자, 살짝 밑으로 쳐진 학의 눈, 잔잔한 미소, 가냘픈듯 핼쑥한 목언저리와, 몸매, 웃을때 반짝이는 치아의 윤기, 예쁘다기 보다는 엄한듯 부드럽고 부러운듯한 잔잔하고 소박해 보이는 분입니다. 조용한 가운데 행동력이 있음은 학이 기후의 온화한 고장을 찾아 날개를 펴어 허공을 날음이 아닐까 그 눈빛이 만리를 비추는 빛이 나고, 치아빛이 불빛처럼 윤이 흐를 때, 밖의 어른이 민중을 다스리는 「관」이 되시고 멀리 외국에서 청빈한 정치, 나라와 민족을 위해 일하시다 과로로 갑자기 고인이 되셨답니다. 그후 많은 세월을 짝잃은 황학이 되셨으나 그 고매하고 높은 뜻을 조용히 펴시며 항시 고독을 벗삼으며 치아의 빛을(숨은인재) 빛내고 계십니다. 그 측근에서 숨은 인재가 나올듯 치아의 빛이 유난히 밝습니다.

존경하는 분으로 높고 고운 정신을 특히 본받고 싶은 분입니다.

13 물고기 상(相)의 상품(上品)

물고기의 상은 주로 얼굴에 특징이 있읍니다. 왕방울같이 큰듯한 눈매, 넓고 긴 코, 오히려 못생긴 입매, 얼굴형에 비해 손발이 적고 민첩한 행동거지, 못생긴듯한 모습보다는 조용하게 생각하는 성품이고 어느 목표가 지적이되 전진을 할때는 무척 날쎄고 단단한 동작이나 그렇지 않을때는 여유가 만만 한가로이 편안하게 지냅니다. 수염이 맑게 보이고 은빛처럼 밝은피부 동근눈에 총기가 있고 상체가 하체보다 살이 올라 행보가 빠르고 한자리 오래 못머물고 어깨로 숨을 쉬며 벌름거릴때 물고기가 때를 만나 신나는 춤을 출때 입니다. 주로 사업가가 많으며 흔하지 않은 상입니다. 단명할까 염려되니 두눈의 안광에 충혈이되면 피곤을 자초하지말고 조용히 쉬어야 합니다. 수면부족에서 혈압으로 또한 과중하게 술을 좋아하면 수를 기약할 수 없읍니다.

14 물고기 상(相)의 하품(下品)

뒤뚱거리는 걸음걸이 툭 불거져 나온듯한 눈(왕방울) 어깨로 숨을 몰아쉬며, 분수없이 술을 좋아해 항시 입을 건패하고 남의 험담을 하며 그리고 천한 고장에서 놀기를 좋아하며, 분수없이 욕심내고, 살결이 검고 너무 많이 음식을 취하는 상입니다. 자손 번성을 많이하고, 분수없이 욕심을내고, 무리를 지어 합동하는 직업류에 많습니다. 水를 기본으로 하는 업종에 많으며 제비나 물고기처럼 말끔히 차려입고 힘든 일을 싫어하고 개인의 주된 업무보다는 남을 보필하는 종사자가 많습니다.

15 물고기 상(相)의 직업과 길지(吉地)

직업∷해운업, 선박업, 무역업(술, 간장, 음료수업) 정치나 교육계는 금물이다.

吉地名∷海·江·水·河·酒·流

不地名∷田·金·井·木·風·野

비율=물고기상은 주로 한가한 직업류에 속하는 분이 많습니다. 만일 항해사(마도로스)가 어떤 목적지를 향해 항해한다면 그동안 풍랑이나 파도를 만나는 일 외에는 많은 시간이 무료하고 육지를 그리워하다가 목적지에 오면, 그동안 마음대로 자유롭지 못한 선박 속의 어떤 울분을 털기 위해 항구도시에서 많은 향연을 베풀어 기분풀이를 할 것이며, 주로 직업을 잘 맞게 택하면 돈도 많이 벌고 한가롭게 즐거운 시간을 보상받는 뜻도 됩니다.

① 먹이나 물고기의 밥이 안되려고 피신하는 상도 있고,

② 배불리 먹고 한쪽 구석에서 눈을 뜬 채로 잠을 자는 상도 있고,

③ 한쪽 수염이 감각을 잃어 뜬 채로 물위를 맴도는 병든 물고기도 있고,

④ 술(약물에 취해) 병든 몸을 거꾸로 배가 상으로 뒤집혀 숨을 몰아쉬는 죽음 일보 직전의 단명 상도 있고,

⑤ 심중(오장)과 혈압에 눈이 붉게 충혈돼 숨을 몰아쉬며, 세월에 쫓기는 물고기 상

— 59 —

도 있습니다.

16 「어드바이스」편

　모나코는 관광국으로 국민이 잘사는 나라입니다. 그리고 저 유명한 재벌 故오나시스의 큰 재산이 몇분의 값을 했던 나라입니다. 그 오나시스는 선박업계에 손꼽는(치부) 일인자며 못생긴듯 부라린 큰눈 긴코 넓은 입 숫잉어 상입니다. 원만한 상과 노력으로 치부해서 본인의 명예를 세계에 내놓은 경쟁에도 남다른 재간을 가졌던 재력가, 여러분들은 그 이면에 유명한 성악가「마리아 칼라스」여사와, 또한 유명한「재키」여사를 너무 잘 알고 있을 것이며, 그 생활속에 멋과 풍요를 메스컴을 통하여 너무 잘 알고 있어상, 잉어상외에도 개구리상 두꺼비상, 잘 분별해서 대폭적으로 부와 관계되는 상입니다.

　비율=국내에서 빼놓을 수 없는「잉어」상으로 김세레나씨를 꼽을 수 있읍니다. 많은 연예인, 특히 가요계에 많은 이름을 남긴 가수 가운데 김세레나 만큼이나 부드럽고 연하고 오목조목 옴폭한 상도 보기 드뭅니다. 더 멋있는 율동을 하는 친구들이 많지만 물고기상에 전설처럼 육체미, 순수성, 신비성을 모두 갖춘 상도 드뭅니다. 부도 겸하여 애교성 만점의 여성으로 노소의 차이나 남녀의 큰 차별없이 사랑받는 일생에 건강관리 특별히 부탁하고싶은 귀여운 연예인입니다. 흰색을 즐겨입고 고급스런 파

－60－

티에서 잉어처럼 팔팔한 세월을 보낼 것을 믿습니다.

17 뱀 상(相)의 상품(上品)

뱀상은 주로 눈매와 혀의(입매) 특징을 두고 있습니다. 상식으로 뱀상이 이간이나 잘 하고 간교하다고 느껴지는 것이 보통이나, 뱀상처럼 치밀하고, 재간이 많고, 끼가 많고, 맺고 끊고, 때를 잘 참는 근면한 성품이 없읍니다.

영특하고, 머리가 좋고, 그림이나 글에 능한 재간을 갖고 있읍니다. 이러한 상은 눈이 살짝 길고, 절대 상꺼풀 지지않는, 푸른빛에 가까운 광채를 갖고, 붉은 입술이 규모가 있고, 키가크지 못하고, 몸매가 살이 찌지 않았을 때, 국가고시나 기타시험에 열중 등급의 기회를 갖습니다.

늘 검푸른 눈매에 자기분야만 지키면서 힘보다는 꾀를 갖고 일하는 능력자가 많으나 역시 재사가 많습니다. 만일 검푸른 눈매에, 푸른살기가 등등하여 광기가 겸하여 들어오고 붉은 입술을 혀로 가끔 축이기 시작하면, 잔잔한 마음속에 물질욕이나 명예욕, 내지는 태산을 둥글게 꼬아 오는 욕심이 생하는 때입니다.

정치인이나, 무관에, 권력행사를 할 수 있는 관계자에게 이런 이상적인 변동이 일어나면, 많은 사람을 너무 철저한 법률에 매여 많은 희생자를 내게되고 피흘리는 세월속에 자기만족감에 젖어서 본래의 영특한 본심을 져버리고 비참한 말로를 맞게됩니다. 그릇 큰분이 보좌관이나 수하의 사람에게 어려운일들을 잘처리하는 영리함을 칭찬하여 믿고 부리다가 언젠가 욕심이 생하여 윗사람 자리마저 탐하여 대사를 그릇칠까 두렵고, 감언이설 바른말을 빗겨, 큰 행사를 그르칠 우려도 있으니 항시 주의를 둘러보고 과한 욕심을 반성하며, 원래의 냉철한 정신자세로 근면한 세월을 보내며 멋있고 귀중한 인생에 명예롭고 깨끗한 이름을 남깁시다.

18 뱀 상(相)의 하품(下品)

뱀의 형국으로 몸이 좀 굵고 목소리가 여체음을 내며 항시 깔끔한 척 하지만 냉기가 돌고, 눈주위가 검은 빛을 많이 갖고 있는 상은 남의 거래에 자기 주머니속 이익만 채우고, 상대의 아픈마음을 모른척 합니다. 중요한 문제에는 끝을 빼고 잔인하리만큼 표독하다 광한 빛이 눈속에서 활활 타오르는 한 순간에 출세와 더불어 본의아니게 많은 인명에 해를 갖는 중죄를 저지릅니다. 정도를 벗어난 보수계(주먹건달)에 머물러서 냉철한 인간상을 엮어가는 분도 있고 인정은 많으나 비정한 세상을 겪다가 자살을 기도하는 의지 약한 분들도 있고 중개상인으로 치부를 해 튼튼히 살고있는 층도 많습니다. 윗사람에게

19 뱀 상(相)의 직업 및 길지(吉地)

직업 : 교육계, 예능계, 정치계, 법조계, 무관계통의 행정, 사회사업

吉地名 : 穴·陰·林·岩·山

不地名 : 水·井·火·猪

① 열심히 목표를 향해, 일구월심 갈고 닦으며 때를 기다리는 청빈한(동면하는) 뱀도 있고,

② 바위틈 언덕에 난 구멍근처에서 잡된 곤충이 들어갈까 집지키는 뱀도 있고,

③ 악착스레 집을 지키며 먼곳을 뜨지않고 한장소를 지배하려는 연념의 뱀도 있고,

④ 눈빛이 일정하지 못하고 항시 긴혀로 어떤 기회를 탐하는 기회주의자 같은 야비한 뱀도 있읍니다.

⑤ 매끈한 옷차림, 부귀와 영화를 한몸에 지니고 자칫 건방의 글귀를 잊고서 많은 타인의 희생을 외면한채 돌돌 자기몸을 방어하며 날뛰는 한여름날 독오른 푸른 뱀도 있읍니다. 이 뱀에 물리면 약도없이 죽어 갑니다.

지극한 충실로서 자신을 세우며 약자에게 냉정한 혀가 긴 야비한 사람도 있읍니다.

― 63 ―

20 「어드바이스」편

얼마 전에 어느 친구 소개로 건실하고 준수한 한 분과 장소를 같이 한 적이 있읍니다. 유난히 확트인 음성에 검은 살결과, 검은 눈동자에, 그러나 눈자위가 유난히 검은 피부색을 하고 있었읍니다.

상은 약간 살이 찌고 착실해 보이는 뱀의 상과 뱀의 눈을 하고 있었읍니다.

간단한 소개를 요약해 봅니다.

오로지 고향을 지키면서 많은 학문을 닦아, 유창한 외국어 실력과, 정치과를 나오진 않았지만 정객이 되고 싶은 신념으로 열심히 지역을 다듬으며 노력해온 노력자입니다. 조그마한 고향에서 이른 새벽에 젖소를 기르며 손수 손질을 하며 인식이 덜된 지방 속에 자비를 들여 학교를 세워 피나는 노력으로 이끌어 가며 인가가 나오지 않아 힐난과 비난속에 빛을 지면서, 노력했다고 합니다. 조그마한 개간 속에 힘과 긍지, 그리고 목표가 있는 건실하고 투철한 정신력 하나만으로 지역을 위해 분투 노력하여 이제 발돋움을 하기 위해 그때를 만난듯 마음속의 야망을 펴고 있다고 말했읍니다. 많은 친지나 후배는 모두 커서 확실하고 튼튼한 교육의 기반과 생활을 넓고 편리한 도시에서 터 닦겠다고 고향을 떠나면 잘 돌아오지 않는 답니다. 그들이 가버린 작은 마을에 돌아와 사람들의 비난과 힐난 속에 부지런히 갈고 닦으며, 어떻게 마음속 꿈을 키우며 때를 기다린지 얼마나 많은 세월이 흘렀는가. 지금 그분은 국회의원의 큰 뜻을 품고 혼자만 알아주는 가난한 정치인으로 국가와 국민속에, 자기 고장을 지켜온 보배로운 뜻을 발표하기 시작했읍니다. 1981년도 선거때를 위해 알게 모르게 현정치인들의 손길이, 그리고 은근한 물질의 인심이 고장을 파고든답니다.

도시인들은 잘몰라서 그렇지 지방엔 선거때마다 물질의 인심이 앞서간다는 사실이 슬프다고 했읍니다. 지금도 신문에는 서울나들이 관광에 그명목으로 서울에 오면 점심말이나 기념품 명목으로 환심내지는 선심명분으로 주머니가 마른다는 상황이 평소 그전에 없든 일이 보도된 것은 사실 그대로라고 했읍니다. 그리고 그뜻은 설명이 필요없다고 했읍니다.

그분의 눈주위에 검은 빛은 많은 희생자때문에 색깔의 아니고, 지난날 학창시절에 익혀온 학문을 닦으며, 조용한 마을 발전이 늦은 지역위에, 본인이 태어난 고장을 떠나지 않고 발전시키려고 20년간 젊음의 시간을 다지며, 비웃음도 묵살하고 오로지 뜻을 살리려고 했으나 황금만능 시대의 자금난 때문에 온 불안한 색깔이 표현에 젖은 것입니다.

진실한 종교인이며, 긍지가 대단한 인격자라도 어느당에 휩쓸리지않고, (자금임 그밖에 혜택)과연 그뜻을 높이사서 참정치인으로 성의있는 성공에의 길로 달려갈 수 있으며, 얼마나 밀어줄 수 있는건지, 많은 분의 양식의 문제입니다. 참으로 자랑스런 일꾼을

21 거북이(龜) 상(相)의 상품(上品)

놓고 외지에서 성공해 권력이나 명예나 재력을 과시해 돌아오는 고장출신도 중요 하지만, 한 방울 땀 한 점을 그 바닥만 위해 뿌린 인내의 인격자가, 물질과 공약과, 눈에 표나게 뿌려지는 황금만능의 경쟁속에서는 한 사나이의 기개를 칭찬하기 이전, 그러한 분을 받아들일 수 있는 사회의 양식이 얼마나 넓은건지 묻고 싶습니다. 배신을 모르는 자연속에 흙과, 말못하는 교육재단을 건립, 행정규정 관계상 인가도 못받고…… 지켜온 열매의 땀이 얼마나 영글 것인지, 뱀상의 상징적인 인물입니다. 빨리 동면에서 깨어나길 바라는 마음입니다.

얼굴형은 별로 크지않고 몸집이 둥그러니 큰 것이 특징입니다. 손발이 통통하게 살찌고 주로 비만에 가까운 체격을 갖고 목이 짧고 목뒤등에 살이 크게 찌고, 행동거지가 완만하면, 성급하게 서두르지 않고, 실수가 적습니다. 타인이 볼 때 주로 편안한 안정감을 주며 성격도 매우 유연합니다. 맺고, 끊고, 정확한 편이 많고 말수가 적습니다. 초년보다는 중년에 부터 안정되는 상이며, 귀한 직업 보다는 일반상식으로 대중과 직접 거래되는 직업류에서 재물을 모아 형세를 넓합니다.

— 66 —

여인의 상이 이러면 자손이 귀한 편이고 여자를 많이 갖거나 딸이 성공의 길을 많이 가는 편이며 남자분이 이런 상이면 아들이 많고 성공률도 많습니다. 항시 두눈이 초롱초롱하고, 몸집보다 매우 적은 눈의 소유자입니다. 근면하고 노력하나 부하를 거느리는지 도자급의 상은 어렵고 눈썹이 빈약한 거북이 상은 자녀를 낳아 도중실패하거나 일찌기 객지에 내보내고 형세가 늘고 여인의 상이 이러면 남편의 외근이나 바람에 무딘세월을 보내는 때를 만납니다.

전설처럼 용궁에 있는 용왕앞에 거북이 등에 타고 오는 외지에 손님에게 심판을 해살려보내면서, 정성을 참작해 바다속에 비밀스런 보화를 함께 지녀보낸다는 뜻은 거북이 과묵하고, 꾸준하고, 사심은 적고 많은 인내성으로 인간고역을 감래한다는 심덕과도 관계있읍니다.

키가 큰 거북은 드물고, 있다면 지능이나 능청을 겸하며, 성질 급한 사람은 상대하기 힘듭니다. 부한 몸, 부한 살림, 유한 성격, 이런 며느리를 골라서 맏며느리로 삼으면 멋은 떠나고 실리로 계산해서 살림하면 잘할텐데 학벌과 재능과 가문과 사치한 미를 중요시하는 풍조 때문에 긴 안목의 가운은 외면당합니다.

22 거북이 상(相)의 하품(下品)

거북과 닮으면 자라상도 있읍니다.

우선 형체가 비슷하며 발기장이 짧고 통통합니다.

두상이 크면 오히려 어느분야에서도 성공하나 머리작고, 어깨넓고, 손발이 단하며, 협잡하고 성격이 느긋하고 게으릅니다. 모든일에 적극적이긴하나, 끝맺음이 적고, 의협심은 있으나 치밀한 계획성이 없읍니다. 한가지 효심하는 마음이 있고 웃어른 공경은 잘하나 사회생활에 공정성을 잊고 삽니다.

젊은시절 거북형이 탁 눈에 띄기 어려우나 때를 마쳐 살집이 오를 때 확고한 틀을 마련 못하면 게으른 평생을 보내기 쉽습니다. 힘들게 일하고 너무많은 시간을 쉬면 의, 식, 주의 삼대요소에 항시 어려워 시달리는 세월을 보냅니다.

중년이후 술에 만취 항시 기분을 좋아합니다. 어깨숨을 쉬게 될때는 혈압관계가 지장 많으니 건강 관리를 철저히하고 없으면 없는 그대로의 운동할 수 있는 기회를 마련조

깅이라도 할 수 있는 자세를 가져야 합니다.

23 거북이(龜) 상(相)의 직업과 길지(吉地)

직업 : 水직업일체 물장사, 의료업, 해운업, 요식업, 숙박업 일체

吉地名 : 水・海・河・川・食

不地名 : 井・甫室

— 68 —

24 「어드바이스」편

종로에서 오랫동안 古書를 취급하는 유명한 S서관 책방이 큰길 뒷길 상층에 있습니다. 책방주인 아저씨를 알고 있는지가 필자가 인상학에 취미를 붙여 많은 전문지를 다루거나, 전문 지식인에게 대화의 광장을 넓히던 때입니다. 십오년 전인 것 같습니다.

그 아저씨는 그 시절도 머리카락이 백발이고 온 몸집이 살이 많이 찌셨고, 배가 나왔는데 상체에 비해 하체가 짧으신편이나 보행에는 불편한 모습이 없이 활발하였읍니다. 준수하고 원만하게 잘 생기셨고, 너그럽고 사고력이 깊은 어른이십니다. 눈썹에 숱이 적고 눈빛이 선한듯 빛나고, 빼어나게 맑게 보이셨는데, 많은 사람들이 책방에 들려 사담을 할때도 많은 지식과 산 경험담을 즐겨하시며 간혹 큰너털웃음을 잘 웃었읍니다. 참으로 인자하고 뚝심세고 빈틈없어 보이는 거북이 상입니다.

그후로 간혹 들르지는 못해도 뻐스 정류소나, 택시 정류소에서 간혹 만날때도 항시 그 모습이 더는 늙는 모습이 아니고, 건강한 모양 그대로 세월을 낚아가는듯읍습니다. 필자가 모든 인생에서 덧없는 세월의 시간을 많이 보낸후 영업을 할려고 장소를 찾다가 S서관의 할아버지가 불현듯 보고싶어 종로에 갔읍니다. 하나도 변하지 않는 그 모습에서 오히려 티없는 소년처럼 깨끗한 피부색과, 윤기가 흐르는 혈색으로 반기시며, 지금도 거북선보다는 청자담배가 입에 맞는다고 담배팍으로 돌돌 말아서 담뱃대를 만들어 꽁초도 아껴 절약해 피우시는데, 궁상맞은 티는 하나도 없고 절약을 취미로 근면하게 고서적의 본을 아껴 육·이오이후 출판 사무실안에 가득한 책자를 가리키며 지난날 살아오신 젊은시절을 되새기며 자식의 문제를 펴십니다.

손꼽는 일류대학을 나온 큰아드님이 마음이 헤퍼서, 여유있는 경제력으로 조그만 사업을 하더니, 친구들 말을 너무 잘믿고 의리지킨다고 수표이서(裏書)보증관계로 지나치게 과잉민음이 역으로 큰수난을 겪고, 그 호경기로 매일 술먹고 외박하고 질서없는 생활을 하더니 딸만 둘낳은 부인과 이혼했는데 보증후유증으로 신경과민, 가정파탄, 홧병을 얻어 심화를 끓여 폐결핵으로 무척 시달린다고 했읍니다. 책방에 나무침대를 놓고 거기서 식생활을 한다는 그 아드님은 처음 단층에서 책방을 할때, 뵌 그 씩씩하고 잘났던 모습과는 반대로, 깡마르고, 온 얼굴색이 누렇게 뜨고 매우 기운없는 깡마른 모습이었읍니다.

그리고 할아버지와 너무도 똑같이 닮은 막내아드님이 뒷짐을 지고 아주 근엄하고 정중한 어른스런 모습으로 손님과 간혹 얘기도하고 아버님 시중을 듭니다. 평소에 젊은 패기보다는 너무 어른스런 과묵한 형형입니다. 그 아들을 심부름 보낸후 한숨을 쉬는 할아버지 말씀이십니다. 아들 셋에 큰 것이 저리되고 막내는 군인 갈 무렵, 사귄 여자친구문제로 신경을 썼답니다.

—70—

군복무 기간중 두사람사이에 오고가는 정신적인 차원문제로 쇼크를 받아, 약간의 노이로제 문제로 휴양을 하고 있는데 지금 매우 정상이랍니다. 그래도 조금 안스러 일단은 데리고 계시면서 이것저것 시키며 지금 잡념이 안생기도록, 시간을 가지신답니다. 너무그러운 성품밑에 완고하시지는 않으겠지만, 각자 타고난 좋은 성품이 또한 조용하고 근면하고, 점잖아 어떤 큰문제를 모르고 바르고 곧게자라 학교에 또한 모범이 됐던 아이들이라고 하셨읍니다. 잠시 우리는 요즈음 아이들의 진학문제로 너무 한가지 공부에만 열심인 아이들을 봅니다. 비 바람을 모르고 곱게 곧게만 자라는 잘키워지는 정원의 보기좋은 정원수가 언덕받이 혹은 길옆. 어디서던지, 잘자라고 건강한 종류 다양한 수목에 무성한 나무가지를 봅니다. 물론 보이지않는 세월속에 자라다 지치고 나무벌레 성화에 낙오된 가지가 있는 정도는 싱싱한 잎에서 문혀버립니다. 어느사회 어느환경에서도 늘 건강할 수도 또한 병약할 수도 있읍니다. 그렇게 한 인격이 훌륭하고, 검소하고, 보존할줄 아는 넓은 아량의 아버지와 아들들도 거목이 되는 길목에서 비 바람을 모르는 젊은시절을 견디면서 크게 상하지 않았는가, 공부만을 체찍질 하지말고 산교육에 실증을 위하여 뜨거운 태양아래 무거운 짐을 지우는듯한 무전여행을 보내면서 그때마다 필요한 물질과 인간의 마음 즉 인심에 대한것 등 그리고 모자라면 자금조달을 위하여 하루품삯 혹은 아침과 저녁만 먹는 빵문제를 스스로 탐익해 용기백배하고 슬기로운 자녀를 만드는 교육도 필요합니다.

그리고 덥다고 못가고 무겁다고 짐을 내려놓고 주머니가 비었다고 길을 못떠나는 성격을 굽히어 보는 부모가 되어봅시다. 사회생활도 있는 집 자녀는 더크게 클 수 있는 좋은 사회라고 말합니다. 과연 그럴까, 어깨 힘 탁주고 있는 역력으로 배 쑥미는 자의 정신을 배우지말고 한푼 저축을 위해 절약하고 자기 범위에서 지역을 넓히는 인격을 위해 날카로운 꾸중도 좋습니다.

자신의 믿음이 뒤집혀 건강을 해쳤을 때, 홀로 쓸쓸히 투병하며, 보증인의 쓰린 가슴이 죽음을 초래했읍니다. 배경과 경제력이 튼튼한 받침도, 이론을 더 앞세운 배움뒤에 현실 적응은 외면당합니다. 그리고 수 많은 사람과의 결여가 짙은 축안으로 변하며 어이없게 그 인격뒤에 누누한 악절이 따릅니다.

그리고 얼마후에 어느다방에서, S서관 할아버지와 잠시 스쳤읍니다. 큰 아드님 장례를 치르고 오는 중이라고 했읍니다. 쓸쓸하신 모습입니다. 눈썹이 꼭 형제궁만 강조한듯 써내려온 유래된 고서를 무시하고 첨부합니다. 눈썹이 눈을 지나지못한 거북이형이 재산이 보존되는 시절에 재산을 지탱하고 모든 권한 대행을 하며 지켜갈 장남이 나무가 상한 격입니다. 진품 거북형의 대폭적 인상에 그 눈썹이 지붕 빈약한 집을 못가지고 비새는 격이 됐읍니다.

참으로 존경 하고싶은 인품에, 너그러운 웃음, 그날의 슬픔이 가버린 그 모습이 뵙고 싶습니다. 수와 복을 첫째로 하는 거북이형이니까 건강하게 오래오래 사시면서 좋은 책 후손에게 길이 전해 내려 올 것을 믿으며, 가내에 경사 있으시길 바랍니다.

※ 어느 인격을 막론하고 성격이 침착하지 않으면 매우 곤란합니다. 인정은 많으면서 상대의 모든 편의를 순간적으로 무너뜨리는 형의 급한 성질이 웃어른에게 고분고분 할 리 없고 부인은 남편에게 지나치게 영역을 넘어서는 상식 이하의 행동을 만듭니다. 그 기세들도 본성따라 달라지는 수도 있지만, 환경따라 형성되는 제2의 성격이 또한 급해져서 안정을 잃어버립니다.

25 참새 상(相)의 상품(上品)

참새를 가리켜 잡새라고 흔히 말합니다. 그리고 새벽녘에 유난히 창가를 통해 명랑하게 들려오는 소리가 있읍니다. 새 종류로는 전문가가 아니라 분류를 못하지만 종달새 소리라고 합니다.

아담한 키에 적당히 살이 찌고 쌍꺼풀진 눈이 동그랗고 눈동자가 명랑하고, 말도 잘하고, 웃기도 잘하고 부지런합니다.

항상 명랑하고 말하기를 늘 좋아하며 자유를 필요로 하고 귀염받는 사람들 중에 많으

26 참새 상(相)의 하품(下品)

나, 홀로있기 보다는 대중과 어울리는 직업류에 많습니다. 큰인물이 되기는 어려워도 꾸준하고 부지런하고 근면한 관계로 의, 식, 주에 풍족한 생활을 영위합니다. 통통하게 살이 찌고도 동작이 민첩하고 몸집이 적은데 깜찍하게도 큰일을 척척 잘해내고 시치미 딱떼고 거짓말도 잘합니다. 걸음을 걸을때는 몸이 가볍게 앞만보고 걸어 축지법을 쓰는 사람처럼 빠르게 가고 남이 모두 배고파도 배고픈 것을 참지못하고 남자가 이런 상이면 친구들 간에 신의가 잘 지켜질까가 의문이고 신의만 잘 지킨다면 어떤 생활태도 속에서도 싫증을 모르는 세월을 보냅니다. 시집식구간에 조화를 잘 이루고 생활환경도 오목조목 잘 꾸려 가지만 말머느리 상으로서는 격이 빠집니다. 묵중하고, 건강하고, 신뢰감이 강해야하는 맏 며느리는 입이 또한 무겁고 어른이나 수하에 친척간에 말이 많아서는 안된다는 뜻입니다.

해외에 많이 드나드는 무역업 종사자나, 연예인이나, 가수나, 스튜어디스, 음성을 내는 직업류 데파트에 종사하는 업종에 많은 분들이 있읍니다. 새는 조롱속에 갇혀서 살 수 가없기 때문에 외출이나 직업관념에 얽매인 뜻으로는 실수를 할 경우가 많으므로 첫째도 자유, 둘째도 자유, 셋째도 자유를 보장받는 살림 속에서만 탈없는 인생을 보내게됩니다.

우선 머리가 적고 밉지않는 얼굴에 체격이 별게 아닙니다. 원래 남자나 여자나 팔방미인

— 74 —

이란 사대가 큰 것이 조건을 갖추는데, 딱 벌어지는 체격에 한편 답답해 보이는 상도 있습니다.

유흥가에 종사하는 직업인이 많습니다.

남자나, 여자나, 군입질을 잘하고 그만큼 바람 피우는데도 앙큼하리만큼 명수입니다. 나무가지 사이를 멋대로 날으다가 남의 집 뜨락에 살짝이내려 두리번 두리번 쉬지않고 주위를 살피며 입이 조용하질 못하고 쫘먹으면서도 쨱쨱거리며 인기척만 나면 살짜기 담에 올라서서 한마리가 훌쩍 날으면서 서너마리가 날읍니다. 유흥가 영업집에 쨱쨱거리며 몰려왔다가 바람 부는대로 또 어디론가 훌쩍날아 옮겨 가는 새때 인생입니다.

젊은날 청춘을 값지게 보내려고 생각대로 넓은 창공을 날으다가 허수아비 팔벌린 논밭에 내려 영글은 곡식 부담없이 마구 쫘먹고 콧 노래도 즐겁게 한무리가 떼를지어 숲속으로 사라지는 남의 아픈마음 남의 공든 수확, 남의 노력, 모든 것은 다 남의 일이니까, 자신만 배부르고 행복하면 타인의 정성어린 모든것을 함부로 밟고 일어서는 얌체스럽고, 앙큼맞고, 자유분망한 사람이 많습니다. 남의 일급비밀을 지킬줄 모르고 남자분이 이런 경우는 가정밖의 즐거운 시간을 많이 갖습니다.

분별심없는 자유를 즐기느라 모든 각종 명문의 회의를 내세워 외출을 자주하거나, 군것질을 즐기다가 시가댁어른 입밖에 날까 두려우니 기름진 곡식도 잘 쫘먹고 벌레

— 75 —

27 참새 상(相)의 직업과 길지(吉地)

직업 ┌ 吉業 :: 악기점, 식품업, 문구계등, 정미소, 미곡상, 음식업
     └ 不業 :: 부동산, 투기업일체

吉地名 :: 木·花·林·樂·倉
不地名 :: 金·火·海·岩

※ 참새란 원래 나무가지에 올라앉아 한없이 쫑알대는 종달새로서, 진품상은 노래에 집념을 갖고 그 방면 예능계에서 성공하는 경우가 많습니다. 그외에 분들은 뚜렷하지는 않아도 적은 사업분류에서 치부하는 형이 많습니다.

참새란 나무가지에 올라앉아 날개를 펴 춤을 추며 가무를 즐기는 일생에 한숨과 눈물과 사랑의 기쁨의 교차로를 한없이 돌아보는 운명을 많이 맞이합니다. 그런가 하면 새벽일찍 잠을 깨어 생상있는 일거리를 정돈 많은 시장으로 솔솔찾아 첫장을 열어 부지런한 새처럼 움직이며 살고 있다는 경쟁의 첫문을 여는 상업하는 분들이 있읍니다. 추운 겨울날 눈보라 성성이는 새벽 4시이후 첫장을 뛰어 지방으로 가는 많은 상인들의 도매

여인들중엔 음악이 흐르는 곳에서 치부하는 형이 많습니다.

도 잘 잡아먹는 식성을 다스려서 함부로 엔조이를 합니다. 가정이 파탄할 우려가 있으니 정조 관념에 특히 유의하길 바랍니다.

— 76 —

시장엔 의복류를 다루는 순수하고 착하고 열성인 효부들도 이 참새과에 많음을 알고 필자는 매우 고마움을 느낍니다. 대체적으로 초년이 가난했던 부인들은 매사 시집과 친정의 정돈되지 않았던 가사에 물질의 혜택을 주는 보이지 않는 일꾼들입니다. 무엇이든지 한가지 업종에 열중하면 성공한다는 격입니다. 시내복판을 떠난 외각에 주택을 마련하고 날개를 펴어 창공을 날으고 싶을때, 그 자연의 숲속에서 무슨 노래든지 외쳐본 후 자신의 본능을 잠재우는 연습을 하면 가정도 기쁘고 영원한 행복을 누릴 수 있읍니다.

① 배부른 새가 꽃가지에 몇마리씩 짝을지어 정다운 계절을 찬미하는 새도 있고,

② 저녁이 되면 처마밑 지붕 깊숙히 새끼를 품에 안고 숨소리도 조용히 따스한 정을 주는 어미새도 있고,

③ 치마바람 날개달려 창공을 마음대로 날으다 지쳐 본가를 찾지않고 어느 숲속에 하루밤 정사를 치루는 새도 있고,

④ 심술쟁이 돌팔매에 날개깃을 상하여 슬픈노래 쫑알쫑알 조롱에 갇힌 새도 있고,

⑤ 추운겨울 빙점위에 곡식도, 벌레도, 모두 숨어버린 계절에 앙상한 나무가지위에 서 배고프고 추워 지쳐버린 불쌍하게 말라빠진 새의 상도 있읍니다.

28 「어드바이스」편

　근간에 많은 가정에서 다방면으로 예술에 깊은 관심을 가진 분들이 많았으며 특히 미술분야에서 골동품에서 수집하는 분들도 많습니다.

　특히 화가 「김의제」 선생의 화조에는 항상 참새가 토실토실 살이찌고 꽃이 탐스럽게 핀 나무가지에 몇마리씩 날렵하게 앉아 있읍니다. 꽃은 색깔을 띠었으니 새는 틀림없이 노래를 불렀겠지만 그림엔 노래소리가 안들려도 화창한 봄을 한눈에 읽을 수 있고, 날렵한 새들의 평온하게 앉은 모습엔, 색동감이 넘쳐서 다정한 정감이 갑니다. 느끼는 각자의 취향이야 다르겠지만, 오밀조밀 연달아핀 섬세한 꽃봉우리에 하느적 하느대는 가벼운 나비가 연상되겠지만, 울동만 갖추는 한계절의 나비보다는 사철을 지저귀는 발랄한 종달새가 통통하게 살이쪄서 살포시 앉아있는 모습엔 가볍고 또한 무겁게 깊은 여운이 남습니다.

　잔잔한 가운데 무한한 자율이 있어보이고, 거기 꽃 피고지는 움직일 수 없는 생명체의 나무가지에 수시로 움직이는 새들의 한가로운 한나절이 너무도 선명하게 조화된 아름다운 그림입니다.

　예를 들자면 국악인으로써 근래에 보기드문 젊고 유능한 「오갑순」씨를 들 수 있읍니다. 통통하게 살찌고 알맞게 움직이데는 귀여운 동작에 참새처럼 날렵하게 또한 싫증나지않는 독특한 음성이 있다. 색상이 고루한 한복을 입고 끝일듯 이어지는 악기에 나오는 절묘한 음율에 맞춰 새처럼 가벼운 율동과, 시들다 피어나는듯 확 터지는 명랑한 음정, 해외 나들이도 겸하여 바쁜 예술인의 군은 자리를 더욱 넓히며, 항상 싫증나지않는 많은 이동의 무대를 확보 할 것을 믿습니다.

이상으로써 위에 열거한 물형잡는 법에 알기 쉬운 설명을 끝내겠읍니다.

다양한 물형이 많지만 계론이기 때문에 이치를 적용해서 설명을 끝냈읍니다.

다음은 五행의 원리를 추려서 대략의 성격과 인격의 됨됨을 보충설명 하겠읍니다.

견주어 비교하면 대단히 재미있고, 해석이 빨라 아마추어 실력으로 친구들과 좋은 대화의 시간을 갖게 될 것입니다.

제四장 오행(五行)의 원리(原理)

一 오행도(五行圖)

五行이란 원래 사람의 형체를 구분하여 다섯가지로 된 체격을 말하는 것이나 필자가 써내려가는 원리는 한사람의 체격과 얼굴전체위에 金·木·水·火·土의 五行을 지적 다시 문장식으로 간단한 그림과 설명을 가미합니다.

A、 金・木・水・火・土(사주의 오행법과 이치는 똑같고, 12宮도 같습니다).
상법에 五長과 五短이 있다. 이·목·구·비가 長하든지 短하든지, 균형을 이름이 으뜸입니다.
五行相生도 있고 五行相尅도 있고 五行의 바탕위에 그 위치의 자리가 서로 生과 尅이 연결하여 부와 빈과 上人과 下人의 길도 열려 있읍니다.

B、 여성을 지적하여 五行의 相生을 설명합니다. 매우 중요하고 재미있는 대목이니 잘(그림참조)읽어 나가고 어느 때쯤 연령적으로 남편이 성공하는가 참고해 두었다가 좋은 조언자가 될 것을 믿습니다.

2 상생론(相生論)

① 귀는 바퀴가(귀바퀴)분명하고 코는 중심을 잘 이루어 중앙의 자리를 편하고 바르게 잡으면 구슬과 금이 모으는 형체라 金・水相生의 이치를 말하는 이치라 주인이 吉합니다.

② 눈에 총기가 나고 검게 빛나며 귀의 빛깔이 윤택하게 빛이 발하며 기운이 있어 보일때는 역시 金生水의 이치라 곧 부자가 되거나 귀하게 됩니다.

③ 코가 곧고 대나무를 짤라 세운듯 우뚝 솟고 넓으며 그 밑으로 인중의 폭이 또한 넓으며 입이 또한 편하고 모가 지면 金土相生이라 서로 生한다는 이치입니다. 고로 주인이

— 80 —

명예롭게 발전합니다.

④ 눈이 칠흙처럼 검고 입술이 항시 붉으며 꼭 다물고 말이 헛되지 않으면 木生火의 이치라, 주인이 건강하고 중심이 바르며 재물도 여유가 만만합니다. 여성들의 분수 없는 수다가 남편의 중요한 비밀이나, 사회결여 노출이 해가되고, 뜻하지않은 재앙을 초래할 우려도 있고 주고받는 대화속에 허영심이 일어날 우려도 있읍니다. 언행에 바름이 중요함을 말합니다.

⑤ 입술이 가즈런하고 바르며 (적은 것은 안된다) 붉고 혀가 길되 다스림이 있을때는 火生土의 이치가 되므로 중년에 크게 자수성가하여 부와 명예를 누리니 부인들의 덕담을 필요로 합니다.

※ 눈썹이 수려하면 보수관이 뛰어난 이치라, 만인을 다스리는 통솔력이 있읍니다.
눈이 단하고 작으면 오히려 미련합니다. 수려한 눈썹에는 긴눈이 필요합니다.
※ 눈썹이 적으면 눈이 크게되면 적은 일에 자주 놀라고 사물에 관찰력이 깊지 못하고 실수를 자주 하지 않습니다.

3 상극론(相尅論)

① 귀는 바퀴도 없이 크기만하고 입술이 얇으면 주인이 가난합니다. 그러나 성격은 유한 편입니다. 이치는 土尅水의 이치를 말하는 뜻입니다.

② 혀는 적거나 짧아서 언행이 바르지 못하고 입만 크다다면 水剋火를 일컫는 剋의 이치를 말함이라, 그래서 주인이 외로운(형제, 처한입장) 신세가 됩니다.

③ 귀가 얇고 빛이 완한데, 입술이 두꺼운 것은 역시 土剋水의 이치를 말함이니 주인이 가난할 징조입니다.

④ 눈이적어 얌체 같은데 코만 우뚝 높으면 주인이 큰돈이나 명예를 얻어올 생각은 말고 해외나 이방지대에선 성공도 할 수 있읍니다. 그 이유는 金剋木의 이치와 같기 때문입니다.

⑤ 눈은 크고 슬픈듯 눈치만 빠른데 귀가 적거나, 올려 붙었거나, 뒤집혔으면, 남편이 병약하거나, 이혼하거나, 일찍 죽을 징조입니다. 바람 피우는 외도를 자기 탓으로 돌리고 눈감아줌이 현부라 명심해 두는 것도 좋습니다.

⑥ 입도 크고 혀도 큰데 코만 적은듯하면 재앙도 많고 주인이 자주 파산을 하게됩니다.

이 이치는 火剋金이라, 불이 금을 녹여 없애는 이치를 말합니다.

⑦ 눈은 왕방울처럼 큰데다, 입술이 적으면 오히려 주인이 가난해지면서 표독한 말을 잘하고 때로 잔인 합니다. 그 이치는 木이 土를 剋하는 이치를 말합니다.

4 「어드바이스」편

눈이 너무적고 입이 크면 지아비가 천하게 죽고 눈이크고 입이 적어도 여성이 슬픈 세

— 82 —

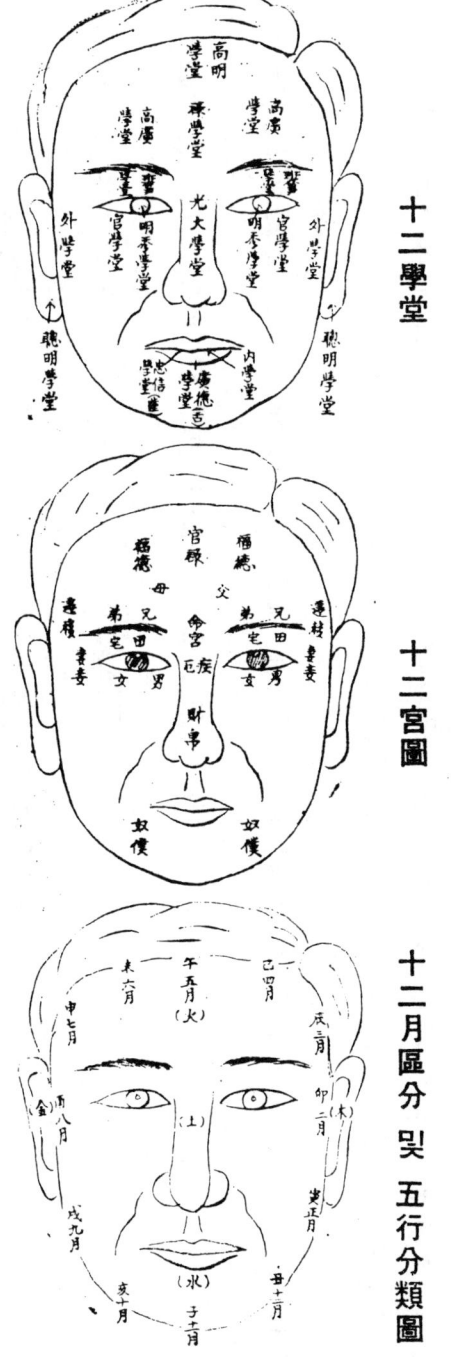

十二學堂

十二宮圖

十二月區分 및 五行分類圖

월이 기약됩니다.

특히 여성팬들의 정형수술에 특별한 「어드바이스」를 바라며 남편님들의 어느 공박에만 치우쳐 부자로 살든 처녀시절 친정집 얘기로 남편의 기를 꺾지말고 자신이 거울을 벗삼아 그러한 시절들을 극복할 줄 아는 여성美(마음)을 갖추는 것도 유일한 교양이 될 줄 믿습니다.

※ 남성들이 결혼관에 처가집 재산이나 배경에 신경쓰는 비겁한 사나이가 되지말고 이런한 책을 읽어 가난하고 배경이 없어도 장래가 있는 여인상을 선택함이 더 중요함을 알기 바라며 개중에 이상한 출세욕에 휩쓸리지 않기 바랍니다.

제五장 기(氣)와 색(色)편

五行의 바탕위에 흐르는 氣와 色을 관찰한다.

일컬어 「관형 찰색」이 상의 전부임을 말한다.

氣와 色은 하나인 것 같으면서 둘이며 둘인 것 같으면서 하나인 아주 어렵고 중요한 상담입니다.

관형을 잘하고 기색을 잘 뽑으면 만인의 앞일을 상담함에 실수가 없다고 말합니다만 아침해가 떠오를 동이 틀무렵 촛불을 비추듯 말듯한 그 시각에 밝혀야하는 찰색은 개안을 하고(그런시간에 분별해야하는 눈빛을 가져야한다. 큰시련이고 수양이 되야돼야 미술전공하는 분들이 하늘의 색깔을 다양하게 표현하듯 자기 각각의 혜안이 발달돼야 합니다. 감정받는 분이 밤잠을 충분히 잔후 모든 체내에 오장육부가 제자리를 다스리고 다른 기능이 혼동되지않은 후라야 하므로 감정자와 감정사의 성의를 다한 감평은 해떠올 무렵이라야 합니다.

필자가 여성이기 때문에 그런 특별감정은 두번 한적 있고, 혜안이 영특하지 못해 사양했지만 연구하고 실험하면 대단히 재미있고 관찰도 정확히 잘 됩니다.

특히 찰색은 한방과 병명에도 많은 함수 관계를 갖고 있어 병색을 찾기도 수월하고 병의 진도에도 많은 도움이 됩니다.

실제감정에 도움되기 위하여 근간에 연결됐던 상학자의 일화를 엮어 펴나갈까 합니다.

원래 氣色이라 함은 오장육부에서 발생하는 기운의 오행의 빛에 비치어서 밝힘을 뜻합니다. 즉, 넓은 하늘 전체위에 떠다니는 뜬구름처럼 각기 다른 색상을 앉은 채 몰려왔다 흩어지고, 머무르듯 흘러가는 위치를 잘 분별하는 것입니다.

그리고 오장에서 각기 생하여 흩어짐으로 복합색이 나타나기도 합니다.

엄격히 따지면 청·황·적·백·흑을 가르킴입니다.

① 청색은 = 간 = 기능에서 발하며
② 황색은 = 비 = 기능에서 발하며
③ 적색은 = 심장 = 기능에서 발하며
④ 백색은 = 폐 = 기능에서 발하며
⑤ 흑색은 = 신장 = 기능에서 발합니다.

그래서 한방에 깊은 관련설 여부는 오장육부의 근본원리를 가르킨 뜻이고 병색으로도 어느 기능과 관련 생·사의 여부도 가려진다는 뜻입니다.

① 청색의 정색은 푸른오이와 같은색을 주장합니다.
② 황색은 곡식의 밀과 같이 은은한 색깔을 주장합니다.

③ 적색은 불빛처럼 밝게타는 미색을 말합니다.

④ 백색은 육식동물의 기름과 같은 색을 말합니다.

⑤ 흑색은 칠처럼 검은 빛을 말한다.

이 다섯가지 색상은 정색을 말하며 열세가지의 복합색이 엉키어 아름다운 색상을 만들며 또한 어느 부분을 가르켜 길·흉·성·패를 예언하는 것입니다.

기색의 진품형상은 일년 열두달과 일일 열두시각을 안고 있읍니다. 년년이 흉하고 패함이 있으며, 월, 따라서 또한 성하고 패함이 있는고로 일일이 화와 복을 발한다는 뜻입니다.

기색 분별을 잘하고 적극적이고 침착한 태도만 잘 갖추면 신기할 정도로 적중하며, 앞날의 계획을 치밀하게 세워 기쁜 발전을 하게됩니다.

옛말에 길이 아니면 가지말라는 말도 있듯이 나쁜색이 출현 할때는 구태어 고집을 부리지말고 먼여행, 새로운 사업계획, 귀인을 방문할 때 기타 큰 행사를 잘 다스려 후환을 막는것이 좋습니다.

※ 다시 감정사의 입장에서 춘·화·추·동의 사철을 다스리고 상법에 중요한 고유문자를 나열하니 모르는 문구는 그림을 참조해서 잘 터득하면 좋은 친구 만큼이나 기쁨을 얻을 수 있읍니다.

봄의 계절=木, 2·3·4月

— 86 —

여름의 계절=火, 5·6·7月
가을의 계절=金, 8·9·10月
겨울의 계절=水, 11·12·1月

이렇게 四계절을 부위로 나누고 계절론을 펴어 상색과 상극을 구분합니다.

1 춘삼월의 기색(氣色)

봄을 가르킴입니다.

東方에 甲·乙·木을 지적 밝아오는 방향에 좌쪽관골에 눈밑에 볼을 봅니다.

청색이 보이면 왕성한 상이나, 선홍, 후길의 색상입니다. 먼저는 근심이고, 훗날 기쁨을 말합니다. 적색과 흑색은 相生이 되는고로 구설과 고전이 따른 후에 반드시 기쁨의 미소를 짓게 됩니다.

백색이 출현하면 金尅木의 형극이라, 관재와 구설에 시달림을 받을 우려가 있읍니다.

백색과 황색이 겸하여 출현하면, 木尅土의 이치라 비참하게 패하는 모습이 됩니다.

봄에 전체기상이 청기가 돌면 만물이 소생하는 이치라, 본색을 얻음이라 길할 징조이고 만약 뒤집혀 오색이 머리를 들어 출현하면 뜻밖에 재앙으로 슬픈날이 올 것이니 미리 알아 선경지명의 앞날을 관측하는 것이 대단히 좋습니다.

봄철에 토성이 붉고 콧마루 흑기가 들면 형제간에 재앙이 들고 부하의 배신으로 크게

2 하삼삭의 기색(氣色)

여름을 가르킵니다. 火가 南方이니 丙·丁火가 됩니다. 이마를 가르킴입니다. 붉은 적색을 띠우면 벼슬도 하고 재물도 얻고 기쁨 중중합니다.

청색을 띠면 상생이나 선길하고 후흉이고 황색 또한 상색이나 선흉후길로 태세가 바뀝니다. 백색이 출현하면 크게 몸을 상하든지 측근의 슬픈 곡소리를 듣습니다.

만일에 흑색이 출현하면 크게 패하며 만약 스포츠맨은 흑실수로 몸을 다칠까 두렵습니다. 그 이치는 여름은 火에 높은지 위에 있는 분들은 하루아침에 명예를 잃을까 두렵고 계절, 극기는 水를 말함이니 水尅火의 이치를 가르킴입니다.

또한 붉은색이 퇴한 자색이 출현해도 일단 낙마를 말함이니 자신의 위치가 흔들린다는 뜻입니다.

패가합니다. 검은 기운이 연기 뿌린듯 나타나 귓문으로 들어가면 집안에 슬픈상이 있고, 만일 진하면 본인이 중병을 앓거나, 재물에 큰 재앙있으니 몸조리 잘하고 빛보증, 금전거래, 슬하의 자녀 등교길 조심시켜야 됩니다.

콧마루와 눈사이와 눈썹사이가 밝게 황, 홍색이 윤이나며 주택에 큰경사있어 머리속으로 서기가 치면 한달 이나 두달사이 재물이나 출현해서 이마 중앙으로 손이 그리운 집안에 자손 번성의 예지이므로 축하받고 자축복받는 봄이 됩니다.

－88－

두눈과 눈썹과 법령에 어두운 빛이 겸하면 우습게 빛더미에 앉을 우려 있으니 도박(장난)이나 투기는 중지하는 것이 좋습니다. 코끝 양편에 흑기가 들면 예측불허의 질병지출로 시달림을 받게되는 것입니다.

귀바퀴가 흑색을 겸하면 재물과 농사자에 큰 실물이 올 우려가 있읍니다.

만일 청·흑이 함께 출현하면 아무리 영리한 사람도 뜻을 이루기 어렵고, 맑은 홍색이 황윤색이 겸하면 실직자는 취업을 하고 고시자도 합격하며, 평사원, 재물이나 승진의 기회가 옵니다. 영광의 기색입니다.

3 후삼삭의 기색(氣色)

가을이라, 금이되니 西方에 庚辛·金입니다. 오른편 눈밑에서 볼을 말하며 백색이 제색이 됩니다. 우선 고단한 중에 기쁜색 입니다. 뜻이 성사 됩니다.

검은빛은 상색입니다. 발전하는 기상입니다. 청색과 적색이 보이면 몸이 고달프고 환자는 죽고 큰 경영인은 경쟁업소 요조심 유능한 부하 배신을 조심하여야 합니다.

적색은 火과 金을 녹임이라, 원치않는 색인고로 너무 짙으면 큰 변이 납니다. 겸하여 코중앙에 붉은 빛이 출현하면 큰실수로 파직되고 관액이 일어나고 소송문제는 패합니다.

홍색과 황색이 복합체로 눈썹사이를 지배하면 자기실력 발휘못하고 복잡한 문제가

— 89 —

생깁니다.

 눈가에 흑색이 있으면 놀랄 일이 있고 콧등에 흑색이 있으면 믿었던 부하가 배신할 우려있으니 인사이동문제를 고려해 봄이 좋습니다. 입가에서 뺨으로 귀가로 흑기가 출현하면 후회할일 생깁니다. 입가에 흑기외 출현은 환자는 급히 죽고 사업인은 돌연히 예측불허의 큰 난을 당할까 염려되니, 미심한 일이 있으면 잘 다둑거리고 관재와 구설에 관한 일은 일단 피했다가 나중에 정리하면 좋습니다.

4 동삼삭의 기색(氣色)

 겨울철을 말합니다. 北方에 壬·癸水가 된다. 이부분은 지각(턱 좌우부분)을 가르킵니다. 청색은 검은색을 주장하고 안정을 기합니다. 청색이 상색이니 선흉하고 후에 길합니다. 서로 도와가는 이치이며 겨우내 시든 검은나무 가지에 곧 봄이 오면 싹이 돋는 이치라, 홍색과 적색 출현은 나갔던 금전이 회수가 어렵고 목돈 탈때 재앙이 생기는 뜻입니다. 황색이 출현하면 土尅水의 이치라, 집안에 우습게 소용돌이치고 증병을 조심하고 건강을 지켜야합니다.

 양편관골에 흑기와 황기 복합이면 관재나 재물이 손실되며, 명예 또한 위험 신호입니다. 콧등이 누렇게 물들면 형제간의 우애에 금이 가고 늙은종이 심술부리는 격입니다. 인당이 푸르면 입학이나 기타시험에 낙오될 기색이고, 흑기 출현이면 교통사고 조심 해야 합니다.

제六장 상법응용(相法應用)

1 상모(相貌)

(1)

이마에서 눈꼬리(처첩궁)까지 살이 적고 오목한 느낌을 주는 사람은 결혼한 때부터 운세가 나빠집니다.

흔히 성급한 사람이 있읍니다. 이 사람이 상냥한 사람이면 그 사람은 대단히 선인입니다. 그러나 한번 나쁘게 되면 또한 대단히 두려운 사람이기도 합니다. 선에도 악에도 강한 사람이라고 할 수 있읍니다. 그리고 다정다감하며 남을 잘 도와주고, 그 때문에 그 사람 자신은 상당한 손해를 보는 편입니다.

후골(喉骨)이 낮은 사람은 인정이 많아서, 그 때문에 자연 자기 운세를 나쁘게 합니다.

더구나 끈기가 부족하고 조그만 일에도 잘 놀라는 성질입니다.

그러나 얼굴이 탐스러운 느낌을 주는 사람은 이와 같은 결점도 있으나, 머리는 좋고 마음엔 큰 데가 있읍니다.

머리털은 굵고 까만 경우를 좋은 상이라 하고, 눈썹털이 가늘고 부드러운 것을 좋은 상이라 합니다. 또 남자가 유화(柔和)롭고 애교가 있으면 첫 아기로 여아(女兒)를 낳습니다. 그 이후에 낳는 어린애도 여아 편이 많을 것입니다.

몸이 뚱뚱하고, 몸 전체가 질컥질컥 물끼가 많은 느낌이 있고, 살에 탄력성이 없고 손목을 잡아보면 살이 보드랍고 탄력성이 없으면 중풍이 됩니다. 이것은 중풍 증세의 사람에 대하여 연구하여 보면 알 수 있읍니다.

여자로서 이마의 털이 난 끝에서 조금 들어간 곳에 검은 점이 있는 사람은 초혼으로 끝나지 않을 사람입니다.

이상이 있는 사람으로써 교양이 없는 사람은 남편이외의 남자를 시귀게 되는 법입니다.

이마의 살이 엷은 사람은 왜 운세가 나쁘냐 하면, 이마는 천창(天倉)이라고 하여, 하늘에서 자기가 받는 복분의 유무를 나타냅니다.

그러므로 이마의 살이 엷은 사람은 복분이 적고, 이마에 살이 있는 사람은 하늘에서 받는 복분, 즉 운세가 좋은 것입니다.

날 때부터 운세가 강한 사람은 그 상이 이마에 나타나 있읍니다만, 자기가 노력해서 성공한 사람은 어디에 나타날까요? 그것은 턱(地閣)에 나타나서, 법령(法令)이 노력한 것을 나타내 줍니다.

성급한 사람이 선에도 악에도 강하다는 것은, 성급(性急)은 일시의 나쁜 마음이고,

애교는 그 사람의 평생을 통한 선이므로, 좋은 편으로 뻗으면 그 만큼 강한 것이고, 반대로 나쁜 편으로 나아가면 보통 이상으로 나빠집니다. 일반적으로 성급한 사람은 자연 자기 운세를 나쁘게 합니다.

마음이 가라앉은 사람은 자연히 그 몸가짐에도 침착합니다. 그러므로 성급한 사람이 급한 성질만 삼가는 때는 자연 운세도 좋아지고, 가정도 명랑해져서 즐거운 생활을 보낼 수 있읍니다.

또 얼굴 생김새가 두툼한 사람은 장남상이고, 얼굴 생김이 성급한 사람은 지차의 상입니다. 그것은 장남으로 태어난 자는 양친이 대단히 귀여워하는 편이고, 그 기분이 어린애에게로 통하여, 그 아이는 자연 통통하고 귀여운 얼굴로 길러지는 이치입니다.

장남으로 태어난 사람은 어머니 태중에 있을 동안에, 어버이의 상속을 받는다는 약속이 있기 때문에, 애초부터 탐스러운 얼굴을 하고 태어나고 그러나 동생으로 태어날 자는 낳을 때부터 자기는 자신이 해나가야 할 운명을 타고난 것과, 양친이 길러 가는 경우에도 마음 쓰는 것이 틀리기 때문에, 그것이 얼굴에 나타나서 자연히 장남보다는 가파른 얼굴을 하고 태어나는 수가 많습니다.

후골(喉骨)이 낮은 남자는 눈물이 많고, 사소한 일에도 놀라는 것입니다. 그것은, 남자는 양(陽)으로서, 후골이 높은 것이 당연하고, 여자는 음으로서, 후골이 낮은 것이 당연함니다.

- 93 -

인연이 바뀌지 않을 상을 가진 사람이라도 도회에 살 경우에는 초혼에 그치지 않는 일이 있읍니다.

자손복이 없는 상을 한 부부라도 이 사람들이 시골에서 생활할 경우에는 어린애가 생기는 수도 있읍니다.

그러나 비록 시골이라 하지만, 노는 장소가 있는 땅에서 살면 어린애가 있을 상을 한 사람이라도 어린애가 안 되는 일이 있읍니다. 이것은 앞서 말한 초혼에 그치는 사람, 초혼으로 그치지 못할 사람의 이치에도 맞는 것이므로, 참고 하시기 바랍니다.

(二)

남자로써 용모가 여자와 비슷한 사람이 있읍니다. 이 사람은 마음에 힘이 없고, 자기가 생각한 것을 힘차게 밀고 나갈 박력이 없고, 근로인이 되어도 그다지 성공할 수 없읍니다. 그리고 크게 발전하지 못하는 일생을 보낼 사람입니다.

또 남자나 여자나 음부에 사마귀가 있으면 이 사람은 반드시 초혼으로 그치지 않고 자손에게도 인연이 희박하고, 더구나 성적 요구가 지나친 사람입니다. 인상을 볼 때 장남상도 아니고, 그렇다고 차남상도 아닌 사람이 있읍니다. 이같은 상을 가진 사람은 외아들의 상입니다. 주의하여 판단하여야 합니다.

남자의 용모가 여자와 흡사한 사람이 마음이 약하다는 것은, 남자는 양(陽)이고, 그 형상이 억센 것이며, 눈, 귀, 코, 입이 크고, 말하는 것도 크고, 강한 것이 자연입니다. 이것을 소천지(小天地)의 대양(大陽)이라고 하며, 남자에 있어서는 당연한 것입니다. 또 여자는 그 모양이 부드러운 맛이 있고 눈, 귀, 코, 입이 작고, 말하는 것도 조심성 있고, 온건한 것이 당연한 것입니다. 이것을 소천지의 대음(大陰)이라 하며 여자로서는 당연한 것입니다.

여자는 대체로 생각하는 바가 작고, 그 때문에 중요한 일에는 그다지 이용되지 못합니다. 그러므로 남자이면서 여자와 같은 용모의 사람은 사려(思慮)가 얕고, 그 때문에 직장인이 되어도 크게 성공할 수 없습니다. 더구나 대양(大陽)인 남자가 대음(大陰)의 여자에 흡사할 때는 음양의 조화가 잡히지 않으므로, 자연 운세도 약하여 큰 발천을 못하는 것입니다.

턱(地閣)에 사마귀가 있는 사람이 집에 인연이 없다는 것은, 지각(地閣)은 땅으로 보며, 집이라든가 주택을 보는 부위입니다. 사마귀는 피의 나머지로서, 음(陰=水星)에 속합니다. 그러면 턱(地閣)에 사마귀가 있는 경우는 땅에 물끼가 채어 있는 것과 같아서 집에 지장이 있어, 한집에 안정할 수 없는 상이라고 보는 것입니다. 도회에 살고 있는 사람들은 비록 자손연이 있는 상을 하고 있어도 자식이 없는 경우가 있읍니다. 이것은 도회인은 젊어서부터 이성과의 접촉이 많기 때문에, 정력의 낭비가 심하여 결혼하여도 체력이 쇠퇴한 영향으로 자식이 되지 못하는 경우가 있읍니다. 비록 자식이 생겼다 하여도 그 자손은 약하고 오래 살지 못하는 것입니다. 그러나 도회에 살고 있는 사람이라도 품행이 단정한 사람의 자손은 튼튼하고 자손연이 없는 사람도 자손이 생기는 일이 있읍니다. 또 시골에 살며, 이성 교제가 없을 때는 정력의 낭비를 하지 않기 때문에 부부의 정교가 정상적으로 행하여 지므로, 자연 튼튼한 자손이 탄생되는 것입니다.

지극히 간단한 일이지만, 자손의 유무는 그 사람의 성격을 잘 판단하여, 여색에 탐익하기 쉬운 사람인가 어떤가를 확인하고서 판정을 내려야 합니다.

양자의 상이 있는 사람이라도 이마가 좁든가 요철(凸凹)이 있든가, 눈이 유난히 크든가, 눈이 튀어나온 경우 눈썹이 굵고 털의 빛이 진하고, 엉크러진 눈썹을 가진 사람이라든가, 코가 크고 코끝이 뾰족한 경우, 혹은 대단히 성급한 상이면 양자로 가는 일이 있읍니다. 양자로 간다 하여도 양가(養家)의 재산을 축내고 말 사람입니다. 앞에 적은 어느 대목에 해당하는 상을 가진 사람이 양자가 되었을 경우에도 같은 것을 할 수 있읍니다.

가난하고 천한 사람에 귀인(貴人)의 상이 있거나, 사람에게 위압감(威壓感)을 주는 것과 같은 상이 있으면, 조화를 이루지 못합니다.

윗사람을 극(剋)하는 상이 없는 사람은 관계(官界)에서 크게 성공을 거둘 수 없읍니다.

그러나 손위를 극할 상이 있는 사람이 그 상과 같이 손위를 극하여서 크게 성공한 경우에는 자기의 말년은 쓸쓸한 것입니다. 이것은 자연의 이치를 알기 쉽게 설명한 것입니다. 이와 반대로 손위를 위하여 힘써 일하는 사람은 성공이 늦은 것입니다. 그리고 자기가 힘써 하면 할수록 남에게 욕을 먹는 것입니다. 그러나 윗사람을 위하여 힘써 일한 상이 있는 사람이 성공한 경우에는 말년에도 복된 생활을 할 수 있읍니다.

가령 성공한 다음 사업에 실패한 때라도 계속 안락한 생활을 누릴 수 있읍니다. 이러한 것은 어디까지나 인상은 바른 도덕 위에 선 방술이란 것을 입증하는 것입니다.

어디라고 꼬집어 말할 수 없을 만큼 궁상을 한 사람이라도 그 사람이 정직한 인간이 되는 것입니다. 반드시 그 사람의 노력에 따른 생활이 면, 그것은 진정 궁상이라고 할 수 없읍니다. 그러므로 가난한 사람의 사는 방법은 정직하게 하는 것이 가장 좋을 것입니다.

또 가난한 사람이라도 애교(붙임성)만 있으면 정말 가난하여서 내일의 먹을 것에 곤란을 당하는 일은 없읍니다. 애교가 있으면 어떻게든지 사람이 도와주는 것으로, 평생 먹을 것에는 곤란 당하지 않을 것입니다. 그러므로 가난한 사람은 정직하고 붙임성있게 일하는 것이 좋은 방법입니다.

(三)

산재(散財)의 상이 없는 사람(구두쇠의 상을 가진 사람)이 비록 성공하였다 하여도 이 사람은 궁상입니다. 돈이란 것을 벌 경우에는 쓰지 않으면 안 됩니다. 비록 자기의 욕구만족을 위해 지출 하였다 하여도 이미 그 지출은 상대방의 경제적 도움을 준 결과가 되기 때문입니다.

성격이 과격하고 마음에 침착성이 없는 사람은 생명이 짧습니다. 더구나 평생에 한 번은 사업상 실패를 하게 됩니다. 가령 중이나 학자라도 참을성이 없으면 큰 성공을 거둘 수 없읍니다. 사람에게 있어서 중요한 것은 참을성이라는 것입니다.

용모가 남자에 흡사한 여자는 남편을 극(剋)하고, 남편의 인연도 바뀌기 쉬운 것입니다. 이같은 사람은 독신으로 있을 동안이 대단히 재미 있으나, 결혼한 경우에는 고생만 많고, 재미있는 매일을 보낼 수가 없읍니다. 얼굴에 악인의 상이 나타난 사람의 경우 실제에는 대단히 성실한 사람이 있읍니다. 이와 반대로 뒷구멍으로는 여러 가지로 욕도 먹으나, 말년운이 대단히 좋은 사람입니다. 이 사람은 말년에게 접촉으면서 성의가 없는 사람이 있읍니다. 이런 사람은 큰 희망을 가지고 윗사람과 관계가 오래 계속되지 못합니다. 이 사람은 말년 운이 나쁘고, 외로운 인생의 종착역으로 향할 것입니다.

인간이 얼마나 성의가 중요한가, 그것도 표면에 나타나지 않은 성의(陰德)가 귀중한가, 이러한 것을 열심히 연구하지 않으면 이 판단은 안 되는 것입니다. 재산이 많이 있으나, 빈상(貧相)인 사람이 있읍니다. 이 사람은 물건을 헤프게 쓰는 것을 싫어하고, 물건을 지나치게 아끼는 사람입니다. 그러므로 재산가이면서 궁상을 하고 있는 것으로서, 이와 같은 사람을 마음이 궁상인 사람이라고 합니다. 물건을 아끼는 것은 좋으나 도가 지나치면 이렇게 됩니다. 이와 반대로 가난하면서도 원만한 복상(福相)을 한 사람이 있읍니다. 이 사람은 마음이 크고, 사업에 실패한 경우라도 언제까지나 거기에 미련을 갖지 않읍니다. 그러나 물건을 너무 아끼는 사람이 아닙니다. 이와 같은 사람을 반정신적 복상(反精神的福相)의 사람이라고 합니다.

상당히 훌륭한 지위에 있는 사람으로서, 그 지위에 알맞는 상을 하지 못한 사람은 마음이 하상(下相)이며, 언제까지나 그 지위에 머물러 있을 수 없고, 또 일에도 실패할 사람입니다. 지위와 상과의 조화가 잡혀 있는 사람을 가장 좋은 상의 사람이라고 봅니다.

자손이 없을 상이면서 자식이 있는 사람이 있읍니다. 이러한 사람은 많이 있는 자손에 의지가 되지 않습니다. 여식 아이가 많든지, 의지할 자식이 있을 경우에도 자기가 죽을 때까지 일하지 않으면 안됩니다. 그렇다면 자식들에게 의존하지 않는 것이나 마찬가지입니다. 이와는 반대로 자손이 없을 상이면서 자손이 있는 사람이 있읍니다. 이 사람은 비록 양자를 맞이한 경우에도 양자에게 의지해서 안락한 여생을 보낼 수 있읍니다.

이(齒)를 오장육부의 노비로 봅니다. 이가 많은 사람은 종이 많은 것과 같고, 먹은 것이 잘 소화되어서 자연 건강하기도 하며, 이가 적은 사람은 식물의 소화가 나쁘기 때문에, 몸도 약하고 끈기도 부족합니다.

혀는 오장육부의 마소(馬牛)로서, 입 속에서 씹은 것을 위속으로 운반하는 역할을 합니다. 그러므로 혀가 작은 사람은 마소가 적은 것과 같아서, 먹는 시간이 오래 걸립니다. 그 때문에 자연 혀가 튼튼해지고, 운세도 좋은 것입니다. 또 혀가 풍만한 사람은 마소가 풍부한 것과 같아서, 몸이 튼튼하고, 생각하는 바도 침착해서 안정되는 것이 당연합니다.

혀가 예민하고 가느다란 사람은 우마(牛馬)가 예민한 것과 같아서, 자연 먹는 것이 빨라집니다. 그러면 마음도 안정되지 못하여 건강을 해쳐서 단명으로 그칩니다. 또는 혀는 오장육부의 대리인 같은 것으로서, 좋은 것은 곧 통과시키나, 나쁜 것은 통과시키지 않습니다. 그러므로 혀의 느낌이 예민한 사람은 나쁜 것(음식)은 먹지 않고, 자연 먹을 것에 대하여 풍격(風格)이 나옵니다.

쓸쓸한 토지(土地)에 생활하는 부부는 초혼으로 그치지 않는 상을 하고 있어도 부부연이 바뀌지 않는 경우가 있읍니다. 그것은 아무 즐거움도 없는 토지에 살고 있으므로 자연 남편은 아내를 지키고, 아내는 남편에 봉사하도록 되어, 부부 사이가 화목하고,

— 100 —

초혼으로 만족치 못할 상을 가진사람이라도 백년해로의 생애를 지내게 됩니다. 이와 반대로 도회에 사는 사람은 한 사람의 아내를 지키지 않고 다른 이성을 구하기 때문에, 자연 부부 사이가 원만치 못하고, 초혼으로 마칠 상을 가진 사람도 초혼으로 마치지 못하는 경우가 있읍니다. 이런 점은 사람의 상을 볼 때에 있어서는 안 될 일입니다.

가난한 농부나 상인에게 귀상(貴相)이나 사람을 위압하는 상이 있으면 사람들이 싫어하는데, 이것은 가난한 농부나 상인은 유건(柔和)하고 애교있는 것이 가장 좋은 것으로, 애교가 없는 장사는 아무래도 손님이 줄어 버립니다. 그러므로 장사꾼에게 이런 상이 있으면 사람에게 경원 당해서 인기가 모이지 않고, 아무래도 직업의 전환을 꾀하는 방법밖에 없읍니다. 이 상이 있는 사람이 영업을 계속했을 때는 큰 실패를 봅니다.

정에 약한 사람에게는, 감정에 약한 것은 하나의 미점이지만, 현때 사회에서는 감정만으로는 자기 몸을 부지하지 못합니다. 그러므로 약한 사람에 대해서는 좀더 기분을 강하게 갖도록 권해야 할 것입니다. 누구에게든지 정(情)의 약함을 보이면, 그것은 결점이 되어서 그 사람은 대성할 수가 없읍니다.

또 손님도 신뢰할 수 있는 상담자의 말은 좀더 솔직히 따라야 할 것입니다. 그렇게 되면 정에 약하다고 하던 사람은 그 후에 의지를 강하게 가지고 실패를 되풀이하지 않게 될 것입니다.

2 각부위의 상법(相法)

(1) 눈썹

눈썹이 성긴 사람은 자식복이 희박하다고 판단합니다. 눈썹이 눈보다 짧은 사람도 자식복은 없고, 따라서 자손이 적은 것을 뜻합니다. 또 자녀가 있다 손 치더라도 그 지 믿을 수 없읍니다. 눈썹은 얼굴 윗쪽에 있어서, 하나 정해진 형상이 없고, 도중에 형상이 바뀌는 일도 있읍니다. 눈썹은 얼굴 윗쪽에 있어서, 하나 정해진 형상이 없고, 도중에 어지럽게 나서 안정감이 없는 것은, 하늘에 마치 구름이 모여 있는 것같은 것입니다. 어느 때는 추위, 더위, 비, 바람도 순조롭지 못하고, 이런 일은 자연계에 사는 자로 서는 커다란 괴로움이고, 우리들 인간에게 있어서는 눈썹이 어지럽게 나고 안정을 잃 은 경우에는 재난이 있을 것으로 봅니다. 이 때문에 생기는 마음의 고통은 대단한 것 이 있읍니다.

말할 때에 눈썹이 움직이는 사람은 윗사람과 의견이 안 맞는 일이 많고, 어버이의 뒤를 이을 수도 없읍니다. 또 때로는 파산하는 일도 있읍니다.

눈썹의 꼬리가 축 쳐진 사람은 자비심이 깊고 눈물이 많아서, 어떤 조그만 일에도 만족하는 성격을 가지고 있읍니다. 다시 말하면, 부처님 같은 원만함을 갖추고 있어서 나한미(羅漢眉)라고도 합니다.

눈썹이 두텁지 않고 길죽길죽한 눈썹은 장남상이고, 만약 장남이 아닌 사람, 즉 차이면서 이런 눈썹을 가진 사람이면 어버이를 이어 받읍니다.

눈썹이 대단히 엷은 사람은 육친과 친척에 인연이 없고, 더구나 두령운(頭領運)을 못 가졌읍니다.

눈썹의 털이 굵고 검으며, 언제나 어지럽게 난 눈썹을 가진 사람은 파산합니다. 육친과 친척간의 융화도 안 되고, 자기 자식에게도 인연이 없으며, 평생을 통하여 금운(金運)도 좋지 않습니다.

눈썹 위에 눈썹이 걸쳐서 세로 줄이 있는 사람은 자기 자식에게도 인연이 희박하고 육친과 친척, 혹은 손아래의 일로 평생 고생이 많은 것입니다. 눈썹털이 위와 아래에 서 얼싸안은 것처럼 난 사람은 그 사람의 생명이 짧은 것입니다. 혹은 자기의 잘못 생각으로 고생을 사서 하는 일이 많든가, 아뭏든 안정성이 없고 만족한 생활을 보낼 수가 없읍니다.

눈썹꼬리가 듬직하게 안정되 있는 사람은 장수합니다. 여러분이 노인의 눈썹을 보면 알 수 있는 바와 같이, 장수의 상은 모두 그렇습니다. 젊은 사람이라도 이런 눈썹을 가진 사람은 이같이 생각해도 틀림 없읍니다.

눈썹이 가지런하지 못하고 서 있는 사람은 그 사람의 가정이 원만치 못한 상이고, 호주로서의 힘이 모자라는 것입니다. 이런상은 자기의 기분도 안정이 안되고, 직업도 안정되지 않는 것입니다.

눈썹이 눈과 눈 사이에서 난 사람은 처와의 인연이 희박하고, 처를 바꿀 뜻을 가지고 부부가 금슬이 좋다고는 할 수 없읍니다. 자기 성격도 성급해서, 그 때문에 성공이 대단히 더딥니다.

평생 눈썹이 가늘던 사람이 어느 시기부터 눈썹폭이 넓어지는 일이 있읍니다. 이것은 그 때쯤부터 운이 좋아지는 것을 나타내는 것입니다.

여기에 솜털 같은 눈썹털이 八, 九개쯤 겹쳐 있을 때는 그 사람의 운세가 당분간은 좋고, 그 털이 오그라들 경우에는 사물이 모두 수습할 수 없게 됩니다. 이 때문에 자기도 기분이 위축되어 버릴 것이니, 충분히 주의하여야 합니다.

눈썹 속에 흠이 없는 데도 눈썹이 가운데서부터 쪼개질 것처럼 된 형상은 육친이나 친척과 친하게 교제하지 않는 상이고, 보통 사람도 육친과의 생이별, 사별할 때는 반드시 눈썹의 가운데가 끊어지는 것같은 상이 나타납니다. 눈썹의 형상은 굵고 듬직하게 생긴 눈썹이 그 사람의 운세가 강한 것을 의미하고, 눈썹의 형상이 가늘은 경우에는 운세도 약한 편이 그 것입니다. 그러나 눈썹이 대단히 짙고, 밑의 살이 보이지 않는 상은 나쁜 상으로서, 이 사람은 파산하는 경우도 있읍니다. 눈썹털이 대단히 굵은 사람도 먼저와 같은 판단을 할 수 있읍니다.

눈썹 위로 곤두선 금이 있는 데서, 이 세로금이 꿰뚫을 때는 자손이 자식복이 나쁘다는 것은, 눈썹은 자손운을 보는 이나쁘다고 봅니다. 눈썹꼬리가 천천히 내려 쳐진 사람의 수명이 길다는 것은 눈썹을 보수관(保壽官)이라고 합니다다만, 이것은 눈썹의 이름이 아니라, 눈썹꼬리가 듬직하게 하늘에서 내려올 때는 마치 하늘에서 수명을 받은 것같은 것으로서, 이것은 보수(保壽)의 관(官)이라고 부르는 것이며, 그 때문에 장수의 상이라고 봅니다.

또 그것을 눈썹의 위와 아래에서 얼싸안은 것같이 난 때는 보수의 관을 공격하는 것같아서 단명의 상으로 보는 것입니다. 눈썹이 눈과 눈 사이에서 난 사람의 부부 사이가 좋지 않은 것은, 눈을 좌우의 음양의 사이에서 눈썹이 난다는 것은 마치 그 음양의 가운데를 이간시키는 것 같아서, 이 때문에 부부로서의 음양의 교통이 나쁘고, 자연 자손운도 신통치 않은 것입니다. 부부 사이가 좋지 않으면 자손을 만족스럽게 기를 수 없는 것입니다.

또 그 눈썹이 움직이는 사람이 윗사람과 의견이 맞지 않는다는 것은, 이마는 손위의 일을 판단하므로, 눈썹이 움직일 때는 이마도 같이 움직이는 것이어서, 이 때문에 윗사람과 의견이 맞지 않는 상으로 보는 것입니다.

눈썹꼬리가 나한미(羅漢眉)와 같이 내리 쳐진 사람은 무슨 일에나 만족하기 쉬운 것입니다. 그러므로 가령 출가의 상(出家의 相)이 사람에게 있을 경우에도 이 나한미가 없는 사람은 출가하여 성공하기 어려운 것입니다. 자기에게 나한미가 있다는 것은 볼연(佛緣)이 있는 것 같아서 부처님은 유화(柔和)하고 아무 일에도 만족한다는 것이 근본 사상이고, 그 때문에 나한미를 가진 사람은 조그만 일에도 만족하는 것입니다.

눈썹꼬리(福堂)끝에 솜털같은 눈썹털이 八、九개 뻗쳐 오른 사람이 당분간 운세가 강하다는 것은, 눈썹이 집중되는 곳으로서, 기분이 초조할 때는 눈썹도 솟구치고, 기분에 여유가 있을 때는 눈썹도 안정되고 아름다운 것이며, 자기의 생각이 기(氣)가 되어서 눈썹꼬리(福堂)에 나타나는 것입니다.

(二) 눈(目)

눈은 그 사람의 기분이 깨끗한가 흐려져 있는가를, 혹은 판단할 때의 그 사람의 운기(運氣)가 왕성한가 쇠약한가를 봅니다.

눈매가 격한 사람은 그 기분도 사납고, 눈에 힘이 있는 사람은 현재 운세가 양호한 사람입니다. 눈이 흐리멍텅한 사람은 그 정신도 또한 흐리멍텅해 있고, 눈이 탁(濁)한 사람은 현재의 운세가 쇠퇴해 있는 것을 의미합니다.

눈이 안정되지 못하고 자주 움직이는 사람은 정신에도 안정감이 없고, 집안이 안정

— 106 —

되지 못했거나, 상당한 연배이면서도 아내가 없는 사람입니다. 항상 바쁘게 눈을 깜짝이는 사람은 마음의 안정이 없고, 사물에 대해서 끈기가 없읍니다. 신경질이고, 때로는 파산하는 사람도 있읍니다. 그러나 반면 재사형(才士型)이기도 합니다.

눈 속의 검은 자위가 고동색이고 마치 원숭이 눈같은 사람은 자기 멋대로이고, 사람에게 베풀심은 조금도 생각치 않고 남이 못되는 것을 기뻐하는 편인데, 자기 일은 대단히 잘하는 것입니다. 또 눈이 깊이 패인 사람은 사물에 대하여 집요하며, 선에도 강하고 악에도 강하여 상당한 재능도 있어서 운세는 강한 편이나, 어버이의 뒤를 이으려고 하지 않는 인정많은 사람입니다.

눈이 크고 좀 튀어나온 사람은 처와의 인연이 변하기 쉽고, 끈기가 부족하여, 자손운도 약한 편이어서, 한 때는 대단히 가난해집니다. 그리고 어버이의 대를 잇지 못합니다.

눈이 약간 나온 편이고 곁눈진로 보며, 아래에서 위로 눈으로만 치켜보는 사람은 정신병을 앓을 것입니다.

또 이사람은 자기 잘못 생각으로 정신적 고통을 많이 받게 됩니다.

눈의 흰 자위가 먼지를 뒤집어 쓴 것처럼 흐려진 사람은, 이런 때는 마치 늙은 말이 짐을 잔뜩 싣고 괴로와하는 것같이 고생이 많고, 일이 좀처럼 잘되지 않는 상입니다.

눈에 힘이 없고 약간 내민 눈에, 그러면서도 깨끗이 보이는 듯하면서도 자세히 보면 탁한 것 같기도 하고, 빛나는 것 같기도 한, 이러한 눈은 별로 없으나, 장님이 될 상입니다. 이것은 눈뜬 장님을 보면 잘 알 수 있읍니다.

눈의 검은 자위에 연기가 낀 것처럼 흐린 사람은 머지 않아 병이 나거나, 혹은 커다란 고생이 생길 것입니다. 또 검은 자위에 안정이 없는 사람은 도적질 할 생각이 있읍니다. 이것은 도둑놈의 눈을 보면 알 수 있읍니다. 고양이가 사람을 살짝 볼때와 흡사하고, 다만 이 경우에 예민하지 못한 것이 특징입니다.

다음에 검은 자위가 언제나 윗쪽에 자리잡고 있는 사람은 야심가로서, 사람에게 지기 싫은 성격의 소유잡니다. 그러나 때로는 일에 실패하는 사람도 있고 근로인은 윗사람과 좀처럼 조화가 안 되는 점이 있읍니다.

여자로써 눈의 검은 자위가 언제나 윗쪽에 자리잡고 있는 사람은 정신병을 앓을 것입니다. 더구나 남편의 인연도 바뀌고, 자손과의 인연도 희박합니다. 눈이 특별히 큰 사람은 그 사람의 한 평생 가운데 한 번은 실패합니다. 대를 이을 수도 없고 이 사람의 성격 중에 끈기도 모자랍니다.

눈이 언제나 보통 상태이며, 힘이 있고, 말할 때에 눈의 검은 자위가 조금 아래쪽으로 위치하는 사람은 성격적으로 끈덕지고, 생각하는 일도 크고, 재능도 있으나, 나쁜 방면으로 진출하면 큰 일을 저지릅니다.

눈 속에 눈물이 고인 것처럼 물기가 있는 사람은 호색가(好色家)입니다. 그러나 색에 빠져 버린다는 것이 아니고 때때로 외도를 한다는 정도이고, 이것은 아래 눈꺼풀이 두꺼운 사람에게도 해당되는 말입니다.

눈의 동자(瞳子)가 작은 사람은 마음이 착실하고, 품행이 단정하며, 운세도 순조로울 사람입니다. 이에 반해서 눈의 검은 자위가 큰 사람은 기분이 안정되지 못하고, 모든 일에 대해서 항상 망설이기 쉽고, 일도 제대로 안 되고, 고생이 많은 사람이며, 일에 끈기가 없는 사람입니다.

눈의 동자가 커졌다 작아졌다 하는 것이 빠른 사람은 동광산대(瞳光散大)로서, 마음의 안정을 잃고 매사에 망설이기 쉬우며, 고생도 많고, 일이 순조롭지 못합니다. 즉 무엇을 하여도 끈기가 부족하기 때문에, 잘 되는 일이 없읍니다. 눈이 작은 사람은 마음도 작고 인정이 많은 위에 사물에 대한 끈기가 없읍니다.

그러면 눈은 자기 몸에 대해서 어떤 의미를 가지고 있느냐 하면, 눈은 몸의 태양이고, 항상 깨끗이 하고 있으며, 자기 자신을 보호하여 줍니다. 눈은 자기의 기분을 가장 잘 나타내주는 곳이어서, 입으로 말할 수 없는 일도 눈으로 알 수가 있으므로, 정유족관(情遊足官)이라고 부릅니다.

사람의 성(性)은 선(善)합니다. 무념무상(無念無想)한 사람의 눈은 선을 나타내고, 신의 존재를 나타냅니다. 이 신에는 선악(善惡)이 없읍니다.

그러나 눈이 다만 사람의 마음의 표현만이라면, 눈의 선악에 따라서 그 사람의 마음을 알 수가 있을 것입니다.

여자로써 언제나 눈의 검은 자위가 윗쪽에 위치하는 의 상으로 보는 이유는 다음과 같은 이유에서 입니다. 여자란 항상 눈이 소박하고 유화(柔和)한 것을 길상이라 합니다. 더구나 눈은 기분의 움직임의 강약(強弱)을 판단합니다. 그러므로 검은 자위가 윗쪽에 위치해 있는 여자는 마음이 우울해서 마음의 안정을 잃고 있다고 판단합니다. 그러므로 정신장해(精神障害)에 걸린 여자는 눈의 안정을 잃고 있는 것입니다.

사람이 상대의 눈을 볼 때, 서슴치 않고 눈을 크게 뜨는 사람이 야심가라는것은, 눈에 힘이 있을 때는 두려울 것이 없고, 이 때문에 판단하는 사람이 눈을 보았을 경우에도 서슴치 않고 눈을 뜨는 것이고, 「신기(神氣)가 강하다」고 합니다. 즉 자기의 마음이 확고한 사람이 야심가라는 것은 당연한 일입니다.

눈 속에 먼지가 낀 것처럼 흐려져 있는 사람이 현재 고생이 많다는 것은, 눈을 태양으로 생각했을 때, 하늘이 흐려 있는 것 같아서, 이것을 사람의 신체에 해당시켜 생각하면 마치 고생이 많은 때이므로, 눈이 그와 같은 상을 나타내는 것이라고 판단합니다.

또 눈이 움푹 패인 사람이 신장(腎臟)의 활동이 약하고 정신의 안정이 없다는 것은 신장이 강하면 언저리에 살이 있고, 자연 침착하게 보이는 것입니다. 반대로 신장의 활동이 약한 사람은 눈 주위에 살이 없고, 깊이 패이며, 그 때문에 발전의 기(氣)

볼 잃고, 나아가서는 자기가 타락하여 정신의 안정을 잃는 것입니다. 눈의 검은 자위가 상하좌우로 움직이는 사람이 도벽이 있다는 것은, 눈은 자기의 마음을 보충하여 주는 것으로, 유족의 관(遊足의 官)이라고 부른다는 것은 앞에서 말한 바 있읍니다. 거기서 눈이 올바른 사람은 그 마음도 정직하고, 눈이 과격하게 움직이는 사람은 그 정신도 바르지 못한 것으로서, 이 때문에 도벽이 있다고 판단하는 것입니다.

눈이 크게 볼그러질 사람은 끈기가 없고, 반대로 누가 보아도 좋은 눈이라고 보이는 눈을 가진 사람은 마음도 정직하고 끈기도 있읍니다. 이와 같이 모든 것이 눈에 의하여 그 사람의 안정을 볼 수가 있읍니다. 눈이 불룩 내민 사람은 마음의 안정도 없고, 그 때문에 실패하는 일도 있는 상입니다.

눈속에 항상 눈물이 고여 있는 것같은 사람이 여색을 좋아하는 것은, 그 눈물을 신장의 활동으로 보니까, 이 신장의 활동이 언제나 지나쳐서 여색을 좋아한다고 판단하는 것입니다. 이것이 눈에까지 나타난 경우를 음란의 상(淫亂의 相)이라고 봅니다. 눈의 검은 자위에 안정감이 없고, 떴다 감았다 하는 사람은 마음이 안정되지 못한 사람으로, 반대로 자기 의지가 확고한 사람은 검은 자위가 자연 안정되고, 또 불안정한 사람은 숨쉴 때마다 눈의 검은 자위에 변화를 볼 수 있읍니다. 이 때문에 매사에 끈기가 없고, 무슨 일에 대해서나 망설이는 편이 많은 것입니다.

(三) 코 (鼻)

코에 살이 없이 마른 사람은 그 사람의 신체도 말라서 인생에 있어서도 고생 많은 사람입니다. 코가 두툼하고 길게 보이는 사람은 반드시 그 사람의 노력에 상응한 성공을 할 수 있고, 재능도 있읍니다. 더구나 수명도 장수할 수 있으며, 남의 뒤를 돌봐주는 입장에 놓이게 됩니다.

코가 보통 사람에 비해서 짧게 보이는 사람은 생활도 어렵고, 성격도 조급하고, 수명도 짧습니다.

코에 상처가 있는 사람은 평생에 한 번은 실패하는 일이 있고, 자손운에도 문제가 있읍니다.

코가 얼굴에 비해서 작은 사람은 이상도 작고, 생각하는 일도 작아서 고생 많은 인생을 보냅니다.

그러나 얼굴에 비해 두툼하게 살이 불어 있으면 운세도 강하고, 행복한 인생을 보냅니다.

코는 높으나, 살이 얇아서 끝이 뾰족한 사람은 자기가 하려고 하는 일을 좀처럼 완성할 수 없읍니다. 상당히 진척되었다가도 망쳐 버리는 것입니다. 더구나 자손, 육친, 친척에도 인연이 희박한 것입니다.

코 끝이 아래로 처진 사람은 물건을 낭비하지 않고, 알뜰하고 규모 있게 사용하므로 자연 생활에도 어느 정도 여유가 있어서 즐겁게 인생을 보낼 수 있읍니다. 그러나 성격적으로 다소 인색한 데가 있읍니다.

코가 이같은 상을 하고 있는 경우에도 눈썹과 눈썹 사이(印堂)가 넓은 사람은 물건을 특별히 아끼지 않습니다.

코에 주름과 같은 가느다란 세로금이 많은 사람은 생애를 통하여 고생이 많고, 자손에도 인연이 희박해서 살림을 차리는 것이나 직업의 안정을 얻는 시기가 늦는 것입니다.

코가 유별나게 크고 높은 사람은 처자식에 인연이 희박합니다. 비록 표면적으로 안정된 듯한 생활을 하고 있는 사람도 속으로는 의견이 맞지 않고, 또 의지할 형편도 못됩니다. 더구나 이 사람은 생애를 통하여 한 번은 큰 실패를 할 것입니다.

코의 살이 특별히 단단한 사람은 고집쟁이입니다. 코에 살이 말라서 뼈가 겉으로 튀어나온 것같이 보이고 끝이 뾰족한 사람은 어버이의 대를 잇지 못합니다. 자기의 생각하는 바가 크고, 그 때문에 필요 이상으로 참아서 자기가 자신을 괴롭힙니다. 때로는 커다란 실패를 초래할 것이며, 코에 살이 충분히 있고, 특별히 높으며 코 끝(준두=準頭)이 빨간 사람은 처자식에 인연이 희박하고, 비록 있다고 해도 자식엔 의지가 안 됩니다. 처와의 사이도 화목한 생활은 바랄 수 없읍니다. 고생 많은 생활을 보내기 쉽습니다.

코뿌리가 뚜렷한 사람은 운세가 대단히 강하고, 만약 궁지에 몰린 경우에도 대개는

구원자가 나타나 그 장면을 모면하게 됩니다. 가령 얼굴의 다른 부분이 궁상(窮相)인 경우에도 극빈이 되거나 하지 않고, 노력에 따른 성공을 할 수 있읍니다. 코뿌리가 없는 사람이 많이 있읍니다. 이 사람은 운세도 약하고 자손과도 인연이 희박하여 쓸쓸한 인생을 보내기 쉽습니다. 코가 참으로 부드럽게 보이는 사람은 그 마음도 솔직하고 인정많은 성격입니다.

코는 잘 생겼으나, 코에 비해서 입이 작은 듯한 사람은 자손복이 적고, 생각하는 바도 소극적이어서, 일도 자기가 생각하고 있는 대로 진행되는 일이 드뭅니다.

코는 높으나, 얼굴 주위의 상이 엷어서 깎아낸 듯한 느낌을 주는 사람은 이상이 높은 사람입니다. 그러나 남에게 호감은 못사고, 아내와의 인연도 변하기 쉽고 고독합니다.

콧날이 구부러져 있는 사람은 평생 부침(浮沈)이 심하고, 때때로 위험한 다리를 건너는 일이 있는 사람입니다.

코에 매디가 있는 사람은 어버이의 계승을 못합니다.

코뿌리가 뚜렷이 패인 사람은 자기의 의류(옷)에 대해서도 귀찮을 정도로 풍부합니다.

이에 반하여 코뿌리가 없는 것같은 사람은 입는 것도 개의치 않습니다. 따라서 옷에도 인연이 없읍니다. 코가 또렷하고 긴 사람은 코뿌리도 거기에 알맞게 또렷이 살이 있읍니다. 이와 같은 코로 사마귀나 흠이 없으면 근로자로써 성공합니다. 또 집안에도 격정거리나 재앙이 적어서 성공합니다.

코가 작고 살이 없어서, 그 때문에 코 끝이 뾰족한 사람은 고생도 많고, 자손에도 인연이 없읍니다.

콧등 가운데 옆으로 금이 있는 사람은 평생에 한 번은 큰 실패를 할 것이며, 이 옆금은 자연히 생긴 것을 판단하는 것이지, 흠 같은 것은 다른 판단을 합니다. 코를 풀고 언제든지 위로 닦아내는 사람은 자연 이런 옆금이 생깁니다.

들창코로 콧구멍이 마주보는 듯이 보이는 사람은 윗사람과 좀처럼 의견이 맞지 않습니다. 이 상을 가진 사람은 타향살이하는 사람이 많고, 돈을 쓸데 없이 써 버리는 습성이 있읍니다.

코가 버젓하고 콧날이 분명한 사람은 윗사람의 신뢰도 받고, 윗사람으로부터 발탁되어서 자연 많은 사람을 위해서 활약하게 됩니다. 이런 코라고 하더라도 얼굴 전체의 느낌이 조화를 이루지 못하면 이같은 판단을 하지 않읍니다. 다음에 콧구멍이 넓은 사람은 끈기가 부족하고, 수명도 짧은 것입니다. 사자코같이 코 끝만 높게된 사람은 운세는 강하여, 노력에 부응하는 성공을 합니다. 그러므로 그 성격도 선악간에 강합니다. 코의 살이 말라서 뼈가 표면에 튀어나온 듯하고, 코 끝이 뾰족하게 보이는 사람이

— 115 —

어버이를 계승하지 못한다는 것은, 얼굴을 천지인(天地人)으로 나눌 때, 코는 사람이고 자기 자신을 대표합니다. 그 사람, 즉 말라서 뾰족하게 나타나 있을 때는 마치 천지에 배신하고 부모도 배신하는 것같은 형편으로, 이 때문에 어버이의 계승을 할 수가 없고, 자기의 엄격한 정신이 밖에까지 나타나는 것이라고 보는 것입니다.

코뿌리에 힘이 있는 사람이 의복에 인연이 있는 것은, 코는 몸이고, 코뿌리는 코의 장식으로서, 의복의 관(衣服의 官)으로 봅니다.

코뿌리가 없는 것처럼 보이는 사람은 그 코도 자연 쓸쓸해 보이고, 코가 벌거벗은 것 같아서 입는 것에도 인연이 먼 것으로 보입니다. 이에 반해서 코뿌리에 힘이 있으면 코에 장식이 있기 때문에, 가난한 경우에도 입을 것은 걱정 없읍니다.

코가 크고 입이 작은 사람에 인연이 희박하다는 것은 다음과 같은 이유에서 입니다. 코를 이마 중앙의 흙이라고 보는 경우(코는 솟아나온 고산(故山)으로 보고, 흙으로 본다), 입은 큰 바다로서(입은 혈고해(穴故海)로 보고, 물로 본다) 수분을 나타내고 있읍니다. 코가 크고 입이 작은사람은 흙이 많고 물이 부족한 것과 같아서, 흙도 수분이 부족할 때는 흙으로서의 위력이 부족해져서, 흙의 역할을 다할 수 없어, 초목을 생육하는 힘이 모자랍니다. 또 자기 몸에서 생기는 것은 자손입니다. 코에 가는 세로금이 있는 이 사람은 자손운의 혜택을 못 누릴 상으로 보는 것입니다.

사람이 고생이 많다는 것은, 코는 자기의 몸을 대표하는 것으로서, 이 몸이 언제나 만족하는 일이 없어 쇠퇴한 것 같아서, 그 때문에 고생이 많은 것입니다. 사람의 운세가 성하면 안정되어서 이러한 상태는 나타나지 않습니다.

들창코가 윗사람을 배신하는 것은 자기의 몸이 하늘을 향하고 있는 것이나 마찬가지로 그 때문에 윗사람에게 배신한다고 봅니다. 또 코가 단단한 느낌의 사람을 그 몸은 단단하고, 정신도 소박하지 못하다고 판단합니다. 오히려 고집쟁이의 경우가 많읍니다. 여자는 대체로 코가 부드럽고 마음도 솔직한 것인데, 여자로써 코가 단단하면 물론 마음도 솔직하지 못하고, 그 때문에 남편은 고생하는 법입니다.

코에 마디가 있는 사람이 일에 실패하기 쉬운 것은, 코는 자기의 몸이니까, 거기에 마디가 있으면 몸을 파괴하는 것 같고, 그 때문에 일에도 실패하기 쉬운 상으로 보는 것입니다. 콧날이 비뚤어진 사람은 자기의 몸이 구부러져 있는 것 같아서, 그 때문에 인생에 있어서 굴곡이 있다고 봅니다. 코의 가로금(橫筋)도 자기의 몸을 파괴하는 것 같아서, 이 때문에 평생에 한 번은 크게 실패할 상으로 봅니다.

코가 뚜렷하고 콧날이 선 사람이 윗사람과의 관계에서 이익이 있다는 것은, 코는 자기 몸으로서, 코의 산근(山根)으로부터 위는 윗어른을 의미합니다. 즉 콧날이 서 있으면 자기와의 사이에 장애될 것이 없다는 것으로, 윗사람과의 관계에서 대단한 이익을 얻는 것입니다. 콧날이 낮은 사람은 윗사람과의 통로가 희박하다는 견해에서, 윗사람과의 관계에서 별로 큰 이익을 얻을 수 없다고 보는 편이 좋습니다.

(四) 입(口)

입으로는 자손의 유무, 또 운기(運氣)의 강약을 판단합니다.

입이 얼굴에 비하여 작은 사람은 생각하는 것도 작고, 사소한 일에도 놀라기를 잘합니다. 사물에 대한 끈기가 없고, 다정다감한 성격이고, 자손연(子孫緣)도 희박합니다.

입 앞이 뾰족한 사람은 자손연이 희박하고, 엄격 공정하며, 사물의 구분이 분명하나 학문은 좋아하지 않습니다. 언제나 입 속에 침이 고이듯 물기가 있는 사람은 편친(片親)을 일찍 여월 상입니다. 더구나 끈기가 부족하고 자손연도 희박합니다. 그러나 이 사람 자신이 양자로 가는 일은 있읍니다. 입이 큰 사람은 모든 사물에 대하여 큰 희망을 가지고 있읍니다. 그러나 일에 실패하는 일도 있읍니다. 입술이 얇은 사람은 자손연이 희박하나, 위입술이 조금 앞으로 튀어나온 사람은 얇은 사람은 이런 판단을 하지 않습니다. 위입술이 조금 앞으로 튀어나온 사람은 자손연이 희박하고, 일에 대한 끈기가 없으며, 이상이 저급하고 다감한 성격입니다. 그러나 젊은 사람들에게는 자손이 없다는 판단을 안 합니다.

— 118 —

위입술보다 아래입술이 더 나온 사람은 윗사람과 의견이 맞지 않고, 그 사람의 생에를 통해 자주 직장이 바뀌겠읍니다. 입술은 운기의 문이므로, 입을 항상 벌리고 있는 사람은 운기를 자연히 잃어 버리는 것이고, 신체도 허약하여 일에 대한 끈기도 자연히 없읍니다.

삼각형의 입술을 가진 사람은 자기가 희망하는 목적에 좀처럼 도달할 수가 없읍니다. 자손연도 박하고, 머리도 나쁘고, 그 때문에 생활도 가난하고, 평생 고생이 많습니다. 입의 모서리가 조금 위로 올라간 사람은 일생 먹을 걱정은 없고, 직업도 안정되어서 편안한 일생을 보내게 됩니다. 이에 반하여 입의 모서리가 아래로 쳐진 사람은 돈 씀씀이 거칠어서 상당한 재산을 가진 사람도 대체로 다 써버립니다.

그러면 입으로 자손의 유무를 보는 것은 무슨 이유냐 하면, 입은 인간이 살아가는 데 가장 귀중한 부분입니다. 그러므로 운기의 문이라고 보는 것입니다. 더구나 남자는 양(陽)이고 언제나 입을 다물고 있으나, 여자는 음(陰)으로 입을 벌리고 있는 이 음양이 섞여서 인간이 살아나갈 먹이를 취하는 것이며, 다시 말하면 자식을 낳는 것으로서 자손의 관(子孫의 官)이라고 보는 것입니다. 이러한 까닭에 자손의 유무를 입으로써 판단합니다. 즉 음양의 이치에 맞지 않는 입을 가진 사람은 자연 자손연이 희박한 상입니다.

위입술보다 아래입술이 나온 사람이 윗사람을 배신한다는 것은, 위입술을 하늘(天),

아래입술을 땅(地)으로 생각할 경우, 위입술이 아래입술을 덮는 것은, 천지의 이치에 합당한 사연이나, 반대로 아래입술이 위입술보다 튀어나왔으면 천지가 거꾸로된 이치로서, 이 사람은 무슨 일이나 만사 잘 되는 일이 없다고 보는 것입니다. 위입술보다 아래입술이 나와 있으면, 아래가 손위를 이기(剋)는 상태로, 윗사람에 배신할 상입니다.

입 형상이 삼각형인 사람이 자기의 희망한 일이 잘 안 되는 것은, 입을 대해(大海)라고 하여 수기(水氣)를 의미하고, 입이 삼각형인 것은 불(火)의 형상으로 보아 수극화(水剋火)의 이치가 나오는 것입니다. 이 때문에 무슨 일을 하나 잘 안 되는 것입니다.

입이 뽀족한 사람이 자손도 없고 머리도 좋지 않다는 것은, 입은 말하는 데 가장 중요한 것이어서, 거기서 뽀족한 사람은 말도 서투르고, 머리도 좋지 않다는 것입니다. 또 입은 자손의 일을 의미하는 곳으로서, 입이 뽀족한 사람은 자손의 일을 나타내는 상(相)에 원만함을 잃고 있읍니다. 그 때문에 자손연도 희박합니다.

입이 작은 사람은 이상도 작고 만한 일에도 잘 놀라는 것은, 남자는 양이고, 입은 큰 것이며, 여자는 음이고, 입은 작은 것이 자연의 올바른 모습인데, 남자에게 그 작은 입이 있다면 이상도 작고, 조그만 일에도 놀라는 것이 당연하고, 이것은 음양이 치에 맞는 것입니다. 그리고 자손연도 희박하다고 말할 수 있읍니다.

입 속에 항상 군침같은 물기가 있는 사람이 어버이에 인연이 없다는 것은, 비장(脾

臟)이나 위(胃)는 이 군침과 관계가 있어, 어려서 육친과 헤어진 사람은 자기의 몸을 충분히 어버이에게서 양육 받지 못했으므로, 비장이나 위의 활동이 자연 약하고, 이 때문에 군침처럼 입 손에 물기를 담아두는 것으로, 어버이의 인연이 자연 상입니다. 위입술이 조금 말려 오른 사람은 만사에 근기가 부족하고 자손에게도 인연이 박하다는 것은, 위입술이 말려 오르면 자연 입 속에서 운기가 새기 때문에, 끈기가 부족합니다. 또 입 모서리가 조금 올라간 사람이 식물의 부자유가 없다는 것은, 마치 하늘에서 필요한 것을 받는 것과 같아서, 이런 판단을 하는 것입니다. 이에 반해서 입 모서리가 아래로 쳐진 사람은 하늘에서 주신 것을 그대로 땅에 흘려 버리는 것 같아서 산재(散財)의 상으로 판단합니다.

(五) 이(齒)

이로서는 건강이 좋고 나쁜 것을 봅니다. 이가 잘고 빛이 흰 사람은, 보통 우리가 생각하는 만큼 좋은 상이 아니고, 평생에 먹을 것을 남에게 의지할 때가 있읍니다. 더구나 생전에 사람 위에 올라볼 수도 없고, 때로는 생명의 위험도 있읍니다.

또 치열(齒列)이 나쁜 사람은 어버이와의 인연이 희박하여, 비록 어버이와 오래 같이 살 경우에는 어버이에게 대단히 귀염을 받는 어린이입니다만, 건강적으로 혜택받지 못하고, 더구나 끈기도 없읍니다.

이 사이가 전부 벌어져 있는 사람은 만사에 끈기가 없고, 형제 친척이 많은 경우에도 사이 좋게 지내지 못합니다. 앞니 사이가 벌어진 사람은 만사에 참을성이 없고, 이상도 작으며, 다정다감한 성격에 어버이를 계승하지 못합니다.

이가 긴 사람은 비록 다른 부분이 궁상이라도 가난하지 않고, 박드시 노력한 만큼 성공할 수 있읍니다. 또 생애를 통해서 어떤 위험에 직면하여도 피할 길이 있읍니다. 웃니가 활같이 구부러진 꼴을 한 이를 가진 사람은 자기가 당한 치욕에 대하여 죽을 때까지 잊지 않을 만큼 집요성을 가지고 있읍니다.

이런 이는 장님 여자가 많이 가지고 있으며, 자세한 것은 실제로 보고 연구할 필요가 있읍니다. 인상을 연구하자면 실제로 당해보는 것이 가장 귀중한 체험이란 것을 명심하기 바랍니다. 앞니 둘 중에 어느 하나가 뾰족한 사람은 한 번은 어버이에게 불효할 상입니다. 또 결혼하고 나서도 처나 자식의 인연이 희박하여 고향에서 생활하는 일이 드물고, 더구나 사업에 실패하기 쉬운 것입니다.

이가 다만 희기만 하고 광택이 없는 사람은 반드시 잘 죽지를 못하거나 거지 팔자입니다.

앞니 둘의 양쪽 이가 특족한 사람은 육친과 친척과의 사이가 나쁘고, 어버이를 계승하지 못합니다. 앞니 둘이 병풍을 세운 것처럼 안으로 오무라든 사람은 남의

— 122 —

시중을 잘 보아주고, 더구나 이 사람은 운세가 강하고 특별히 가난하지 않습니다.

앞니 둘 사이에 틈이 벌어진 사람은 무슨 일에도 끈기가 없읍니다. 이것은 숨쉴 때 숨이 이이에 부딪치므로, 이 이를 당문(當門)이라고 하여, 운기에 관계되는 것으로 봅니다. 이 운기에 관계가 있는 문이 언제나 닫혀지지 않는다면 자기의 운기를 상실하는 것 같아서 자연 끈기를 잃어 버립니다.

또 앞니(當門)의 둘은 친척에 관계 있는 것으로 봅니다. 그러므로 이에 틈이 벌어진 사람은 육친과 친척과의 융화가 나쁘고, 집안 식구들과도 화목치 못합니다. 앞니(當門)의 좌우 이의 끝이 뾰족한 사람은 육친과 친척 간에 칼을 휘두르는 형상으로 자연 교제가 없어집니다.

어버이와 오랫동안 함께 있으면서 이가 고르지 못한 사람을 데리고 들어온 자식처럼 다루는 것은, 이는 한 번 났다가 다시 나는 것으로, 양친에게 너무 귀염을 받은 어린 이는 필요 이상의 것을 베풀어 받은 편입니다. 그러므로 이가 고르지 못한 것입니다.

(六) 인중(人中)

인중이란 위입술에서 코 밑으로 통하고 있는 세로줄입니다. 인중에는 운기의 강약, 수명의 장단, 혹은 자손운을 판단합니다.

인중이 짧은 사람은 무슨 일에나 참을성이 없고, 이상도 저급하며, 눈물이 많고, 조

— 123 —

그만 일에도 놀라기 잘하고, 같은 사람과 오래 사귀지 못합니다. 인중이 정답게 보이며 소박하게 보이는 사람은 마음도 순진하고, 남에게 대하여도 상냥하고, 다정다감하고, 성격적으로 조그만 일에도 잘 놀랍니다. 인중이 꽉 째인 사람은 정신도 확고하고 노력에 따라 성공합니다. 이에 반하여 인중이 째이지 못한 사람은 정신도 불안정하고 성공하기도 어렵습니다.

얼굴 전체가 좋은 상을 하고 있어도 인중에 어쩐지 째인 맛이 없고 위엄술이 좀 말려 올라간 사람은 결코 좋은 상이라고 말할 수는 없습니다. 사업을 하는 경우에도 자기의 뜻대로 진행이 되지 않고, 고생이 많으며, 끈기가 부족하기 때문에, 무슨 일에 대해서도 참고 견디는 끈기가 없읍니다. 그러나 이런 상을 가진 사람도 앞니가 빠질 나이가 되면 운이 점점 좋아집니다. 또 젊었을 때, 인중이 꽉 째인 사람은 초년운이나, 중년운이나, 만년에는 문제가 달라집니다.

인중에 수염이 많이 난 사람은 성공이 빠르다고 합니다. 이에 비하여 인중에 수염이 드문 사람은 성공이 더디고, 이로 말미암아 희망한 일이 만족한 결과를 가져오기 힘듭니다.

인중에 가로금이 있는 사람은 자손연이 희박하고, 비록 자손이 있다 하더라도 그 자식은 그리 힘이 되지 못합니다. 만약 자손이 많이 있다 하더라도 만년에 고생이 많을 상입니다.

인중에 수염이 드문 사람은 이해성이 있는 사람으로서, 상식가입니다. 이런 사람은 무슨 일에 대해서나 어느 정도의 지식을 가지고 있읍니다. 인중에 수염이 많은 사람은 이상은 높은 편이나, 활발히 뛰어 다니는 편은 아닙니다.

인중이 길고 위입술이 위로 말려 올라가지 않은 사람은 대단히 좋은 상으로, 두령운(頭領運)을 타고 났읍니다. 이런 사람은 남에게 고용되어도 성공합니다. 개중에는 가난한 사람에게 이런 상이 있다면 대단히 힘의 될 사람이 붙어 있는 증거입니다. 만약 가난한 우편배달이나 지배인으로써 생활하는 사람도 있읍니다. 인중의 홈이 깊은 동안은 좀처럼 운이 트이지 않고, 개운할 때는 깊은 홈이 얕아집니다. 이 때는 자기 마음도 안정이 되고, 아무 일이나 잘 됩니다.

인중으로 운세의 강약을 본다든지 자손운을 보는 것은, 인중은 입과 같아서 운기가 나타나는 것을 알 수 있는부분이기 때문입니다. 그러므로 사람이 만족하여서 기쁨을 얼굴에 나타내었을 때는 그것이 웃음이 되어 나타나고, 인중은 자연 펴집니다. 즉 홈이 얕아지는 것입니다. 사람이 열중하여 일할 때는 인중도 자연 째여서 정신에 흔들림이 없는 것을 보여줍니다. 그러므로 인중에서는 운세의 강약을 판단하고, 수명의 장단을 알 수 있읍니다.

인중에 긴장미가 있는 사람의 그 정신도 확고하다는 것은, 정신이 확고하면 눈, 귀, 코, 혀, 몸, 생각(이상을 六根이라 함)이 확고하여서 스스로 인중에 나타납니다. 그리고 인중은 입에 따라서 있는 것으로, 정신이 확고한 사람은 입에 자연 긴장미가 있읍니다. 입이 긴장미가 없으면 눈, 귀, 코, 혀, 몸, 생각도 제각기 동떨어져, 결국 자기 일을 스스로 판단 못하게 됩니다.

인중에 수염이 많은 사람이 조그만 일에도 만족하기 쉽다는 것은 다음과 같은 점으로 말할 수 있읍니다.

인중의 좌우 부분을 식록(食祿)이라 합니다. 이 식록이 꽉차 있는 것과, 만약 가난한 경우라도 정신적으로 만족한 나날을 보냅니다.

이 상은 부자에게나 가난한 사람에게나 꽉 붙어 있는 사람이 대단히 깊이 연구하시기 바랍니다.

인중이 길고 입술이 이에 꽉 붙어 있는 사람이 대단히 길상이라는 것은, 이는 금성 (金性)에 속하고, 입술은 수성(水性)에 속하는 것으로, 이와, 입술이 착 맞는다는 것은, 이것은 입이 이에서 도움을 받는다는 의미이고 (전문적으로 말하면 五行의 金生水로서, 입을 돕는 뜻) 대단히 좋은 상으로 봅니다. 입술과 이는 말할 때에 가장 귀중한 것으로서, 이들이 문(門)이 됩니다. 이 문이 상생(相生=힘이 있는 뜻)이면 웅변의 상 (雄辨의 相)이고, 입은 대해(大海)이며, 인중은 홈이기 때문에, 수도(水道)가 됩니다.

그러므로 인중이 길고 착 이에 붙은 사람은, 수도에서 대해에 통하는 부분이 대단히 좋다고 보이므로, 이 사람의 운세도 좋아서 사물에 주저하는 일이 없읍니다.

인중의 홈이 깊은 동안은 반드시 자기의 희망이 달성되지 못하고, 인중의 홈이 얕아지면서 자기의 희망하는 일이 성취되어서 개운한다는 것은, 인중은 운기가 나타나는 곳으로서, 정신이 안정되면 인중도 반드시 째이고, 인중의 홈은 자연 얕아집니다. 마음이 안정되면 운이 자연 열린다는 것은 사물의 도리로서, 구태어 설명할 것까지도 없읍니다.

얼굴 전체는 두툼한 복상(福相)으로 생겼는데, 인중 끝이 조금 말려오른 사람의 일이 제대로 안 되는 것은, 얼굴은 몸의 부분으로서는 꽃에 해당하기 때문입니다. 입은 대해(大海)이고, 인중은 수도이며, 얼굴이 안정된 것은 꽃의 왕성한 상태인데, 인중이 조금 말려 오른 것은 수도에 막힘이 있는 것 같아서, 꽃도 시들어 버린다는 뜻을 딴 것입니다. 이 이치에서도 인중 끝이 말려 오른 사람은 사물에 장애가 많은 상이라고 봅니다. 그러나 앞니가 빠지는 만년기에는 인중이 자연적으로 쳐져서 수도도 저절로 열리므로, 이 때부터 운이 좋아진다고 봅니다.

(七) 법령(法令)

법령으로는 직업을 판단합니다. 법령이 양쪽으로 넓게 퍼져 있는 사람은 사업이 순조롭고, 살고 있는 집도 넓습니다. 손아래 사람을 많이 돌봐줍니다. 가령 가난한 사람이 이런상이 있는 경우라도 사람을 시켜서 일을 하는 것이고, 고용을 당해도 성공합니다.

법령이 좁은 사람은 집도 좁고, 비록 넓은 집에 살고 있는 사람이라도 상당한 부자로써 이런 상을 가진 사람은 남에게 방을 세 주었거나 하여서 넓은 집도 좁게 쓰는 사람입니다. 상법령이 짧은 사람은 수명도 짧고, 이와 반대로 법령이 긴 사람은 수명도 깁니다. 법령의 폭이 넓고 끝쪽이 볼 부분으로 흐른 사람은 근로자로써 크게 성공할 것이고, 교제가 넓고 자기를 도와줄 사람이 많은 상이고, 수명도 길고, 어떠한 처지에 있는 사람이라도 이 상이 있으면 대단히 운세가 늘어날 것을 의미합니다. 법령 끝이 입으로 들어간 사람은 평생 먹을 것에 부자유를 겪는 일은 없읍니다. 물건을 낭비하지 않고 대단히 사용 자기의 노력에 따르는 성공을 합니다. 법령의 폭이 넓고 형상이 좋은 사람은 사업도 대규모로 하고 상당히 번창합니다. 운세도 대단히 좋고, 혹은 두령운을 가지고 있읍니다. 법령이 대단히 길고 턱 (지각= 地閣)부분까지 닿고, 혹은 턱 가까이까지 있으면 八十까지는 확실히 살 상입니다. 이로부터 직업을 판단하는 것은 다음과 같은 생각에서부터입니다. 법령은 코가 있는 곳에서부터 나와 있는 것으로서, 코는 얼굴의 중앙에 있고, 이것을 천자(天子)로 봅니다. 천자는 아래의 만백성을 사랑하고, 각자에 법령을 나리는 것으로, 아래 만백성은 그 법령을 지키며 매일 생활하고, 근로자는 근로자, 장사는 장사로서의 하는 법이 있

젊은 사람들은 법령이 확실치 않고, 웃을 경우나 볼 수 있을 정도인데, 그러면 무엇을 법령으로 하느냐 하면, 젊었을 때는 얼굴에 살이 많기 때문에 법령이 나타나지 않는 것이고, 직업적으로도 좀처럼 안정되어 있지 않아서 법령이 뚜렷하지 않은 것입니다. 그 사람의 수명의 장단을 법령으로 판단하는 경우, 입을 크게 벌이게 하고, 그 때는 확실히 법령이 나타나므로 그것에 의하여 금의 깊고 얕음, 길고 짧음을 보고서 판단합니다.

지차로 태어난 사람의 법령이 확실치 않은 것은, 지차는 대체로 어버이를 계승하지 않는 것이고 그 때문에 자연 법령이 얇게 됩니다. 장남으로 태어난 사람은 어버이의 뒤를 이을 것이므로, 법령도 깊고 바른 것입니다.

법령이 입(大海)으로 들어갈 경우에는 반드시 굶어 죽는다고 옛날 책에는 써 있는데, 법령은 직업을 의미하고 직업에 의하여 생활이 안정되는 것입니다. 거기서 법령이 입으로 들어갈 때는 그 직업을 먹어 버린다는 이치에서 굶어 죽을 상이라고 옛날 책에는 써있읍니다.

그러나 굶어 죽는다는 판단은 맞지 않는 것 같습니다. 즉 그 상은 가난한 상으로서 그 때문에 이 사람은 물건을 대단히 아낍니다. 자기가 먹고 싶은 것도 먹지못하고 아껴두는 때서 굶는것 입니다. 그러나 물건을 낭비하지 않고 먹을 것을 사치하지 않으면 자연의 도리에 합당하므로, 비록 궁상이라도 일생 동안 먹을 것의 보증은 받고 있읍니다.

인간은 마음가짐이 중요한 것이어서, 그것에 의하여서만 구원되는 것입니다.

(八) 귀(耳)

귀는 머리의 활동을 나타냅니다.

귀가 윗쪽으로 뻗친 사람은 대단히 머리가 좋은 사람으로서, 재능도 있고 기억력도 있읍니다.

귀 전체가 보드랍고 낮은 위치에 붙은 사람은 기억력도 희미하고, 무슨 일에 대해서 나 끈기가 없는 것으로, 귀가 낮고 제일 윗부분의 천륜(天輪)이 오그라진 것같은 꼴의 사람은 풍류에도 재능이 있고, 이방면에서의 기억은 대단히 좋은 것입니다. 귀의 인륜 (人倫)이 나와 있는 사람은 스스로 집을 나가 육친과는 함께 살 수 없읍니다. 육친이 재산을 가지고 있어도 자기 것이 못되고, 그 때문에 아우의 상이라고 봅니다.

현대의 법률로서는 재산의 분배제도가 변화하여 있으므로, 이 점을 판단하지 않는 편이 좋을 것입니다.

귀 전체가 단단한 사람은 다른 부분이 궁상인 경우에도 가난한 판단을 하지 않고, 노력 여하에 따라서는 성공하는 상으로 봅니다. 평생 위험한 경우에 직면하여서도 거

— 130 —

기서 피할 수가 있읍니다. 귀가 작은 사람은 이상도 작고 조그만 일에도 잘 놀랍니다.

그러나 귀가 작아도 시원시원한 귀의 사람은 지혜가 있는 사람입니다.

귀가 크고 윗쪽으로 붙어 있는 사람은 반드시 자기 사업으로 성공하고, 남에게 고용되지 않고, 지혜나 재능도 있고 용기도 있어서, 운세가 강하고 상당히 성공합니다. 또 귀가 크고 단단한 사람은 남에게 친절하고, 자기 자신은 운세가 강하고, 저명한 사람이 될 상입니다.

귓밥(地輪)이 큰 사람은 비록 인격은 원만하여도 크게 발전하지 못하고, 또 그다지 재능도 없읍니다. 그러나 얼굴이 뚜렷하고 머리가 좋은 사람은 재능도 있고 크게 발전할 수가 있읍니다.

귓밥이 없는 것같은 사람은 재능은 갖고 있으나 기분은 초조하기 쉽고 노하기 쉬운 사람입니다.

귀를 채청관(採聽官)이라고 하는 것은, 귀는 신장(腎臟) 활동의 강약을 나타내는 곳으로서, 모든 일을 듣는 곳이므로, 청사(聽事)를 캐낸다는 뜻은 채청관(採聽官)이라 하는 것이며, 귀가 안 들리면 상대의 이름을 알 수도 없는 것입니다. 사람이 나이들어서 신장의 활동이 약해지면 귀도 멀어지고, 귀가 멀어지면 지혜의 활동도 둔해져서 우둔해집니다.

귀의 인륜이 나온 사람이 어버이의 계승을 못한다는 것은, 귀에 천인지(天人地)가

— 131 —

있어서, 전은 아버지, 지는 어머니, 인륜은 자기입니다. 또 귀에는 곽륜(廓輪)이 있어서 곽은 부모이고, 중륜(中輪)을 자기로 봅니다. 그러므로 중륜이 나온 사람은 부모의 성곽(城廓)을 뛰어 나가므로, 어버이로 계승되지도 않고, 어버이의 재산이 있어도 자기의 몫이 없는 상입니다.

귀가 단단한 사람은 궁상이라도 노력에 따라 성공하는 것은, 귀는 신장 활동의 표현으로서, 귀가 단단하다는 것은, 신장의 활동이 강한 것을 의미합니다. 신장이 충분히 활동하면 건강하고 크게 힘쓸 수 있으며, 인간이 일하고 있으면 운이 돌아오는 것은 당연하며, 그 때문에 전기와 같이 판단하는 것입니다. 또 귀가 수성(水性)에 속하고, 귀가 단단하다는 것은, 금속(金屬)에 속하는 데서 금생수(金生水)가 되어 서로 발생하여 가는 이치에서 힘차게 되는 상으로 보이며, 이것을 가지고 보아도 좋은 상이라 할 수 있읍니다.

귓밥이 없는 것같은 사람은 초조하고 성내기 쉽고, 귓밥이 통통하게 둥근 사람이 생각하는 것도 원만한 것은, 귀는 신장의 활동을 나타내는 부분으로서 물(水)로 봅니다. 그러므로 귓밥이 통통하게 둥근 사람은 신(腎)의 좋은 상태를 보이는 것이므로, 그렇게 되면 마음의 부풀음을 누르고 초조감을 훌러 버린다는 데서 원만한 생각을 가지고 있는 사람이라고 봅니다.

그림을 그리는 사람이 인격자를 그릴 때 귓밥을 크게 그리는 것은 이런 이치가 있기 때문이고, 귓밥이 없는 사람은 원만히 보이지 않습니다. 귀가 크다 작다 하는 것은 이러한 기분으로 판단하여야 합니다.

귀는 신앙의 활동을 나타내고, 신장이 튼튼하면 건강하므로, 분투할 수 있고, 이것으로 운이 돌아오지 않는다면 이상할 정도입니다. 건강하게 일할 수 있는 사람이 가장 성공하기 쉬운 사람입니다.

반대로 귀가 작은 사람은 생각하는 것도 작고 조그만 일에도 놀래나, 남자는 양(陽)이고 큰 것이며 여자는 음(陰)에 속하고 작은 것이라고 합니다. 그러므로 남자의 귀가 작으면 여자의 형상이 나타나 있는 것이므로, 기분도 작은 것입니다. 귀가 작으면 신장의 활동도 약하고, 건강에도 자신을 가질 수 없기 때문에, 자연 무엇을 하나 끈기 없읍니다. 무엇을 하나 끈기 없는 사람이 성공한 에는 없읍니다.

(九) 이마

이마가 좁고 살이 얇은 사람은 손위 사람과 어쩐지 의견이 맞지 않기 때문에, 손위 사람의 간탁을 받지 못하고 고생이 많은 것입니다. 따라서 운세도 좋지 못합니다. 그러나 이마가 좁아도 살이 두터운 사람은 그 사람의 노력에 알맞는 성공을 얻을 수가 있읍니다.

이마가 넓고 침착한 사람은 손위 사람의 눈에 잘 보여서 자연 운수도 좋아집니다.

그러나 이마가 넓어도 살이 두터워도, 요철(凸凹)이 있는 사람은 손위 사람과 의견이 맞지 않습니다. 혹은 이마가 깎아낸 듯이 보이는 사람이나 비뚤어지게 보이는 사람은 손위 사람과 툭하면 의견 충돌을 일으켜 고생이 많은 것입니다. 또 이마의 흠이 있거나 울퉁불퉁한 사람도 손위 사람과 의견이 맞지 않기 때문에, 직장을 옮기는 경우가 생깁니다.

이마가 네모진 사람은 운세가 늦은 편입니다. 평생에 한 번은, 큰 고생을 합니다. 그러나 이러한 이마를 가진 사람은 학문을 좋아합니다. 다만 윗사람과는 충돌하기 쉬운 상이므로, 충분히 주의하시기 바랍니다.

장남(長男)은 대체로 이마가 넓은 편이고, 차남(次男)은 이마가 장남에 비해서 좁은 편입니다. 그러나 이마는 좁아도 관록 부위(官祿部位)에 불룩하게 살이 붙어 있는 사람은 비록 지차라고 하여도 장남의 지위가 되어서 어버이의 뒤를 잇게 됩니다. 표가 이마가 넓어도 관록 부위에 살이 적은 사람은 장남이라도 어버이의 뒤를 이을 수가 없읍니다. 그리고 운세도 그다지 좋은 편이 못되고, 고생도 많은 것입니다.

흔히 이마가 툭 불그러진 사람을 보게 됩니다. 이런 사람은 윗사람과 의견이 맞지 않고, 그 독틈한 행동으로 재산을 잃기도 하고, 집안 식구가 산산히 흩어지는 액운을 당하기도 합니다. 이와 반대로 얼른 보기에 궁상(窮相)으로 보이는 사람도, 이마의 가

— 134 —

죽아 두꺼운 사람은 가난하게 평생을 보내는 사람이 별로 없고, 오히려 상당히 운세가 센 편이고, 노력에 따르는 성공을 거둘 수가 있다고 판단합니다.

이상과 같이 이마에서 윗사람과의 관계를 판단하는 것은 이마의 한자에 액(額)의 음이 있읍니다. 액(額)은 천제(天帝)의 액입니다. 그러므로 윗사람과의 관계로 판단하는 것입니다. 또 이마가 넓은 것을 장남이라고 보는 것은 다음과 같은 동양식 사상에서부터 나온 것입니다. 이마를 천(天)이라고 하면, 천은 풍부한 것으로 생각되어 왔읍니다. 그래서 장남은 부모에 있어서 가장 핏줄이 가깝고, 거기서 양친은 자기들의 생활이 괴롭거나 즐겁거나, 그런 것을 개의치 않고 장남이라면 기뻐하는 것입니다. 이런 의미에서 장남으로 태어난 자는 낳아서 부터 양친을 안심시키고 즐겁게 해주며, 이마가 자연 넓은 것이 보통입니다.

이마가 좁고 살이 적은 사람은 하늘의 둥글고 풍부한 것이 부족하다고 보아지는 것입니다. 그러므로 윗사람과도 인연이 희박하고, 운세도 약하다는 판단이 나오게 됩니다. 그러면 이마가 넓고 살이 많은 사람은 어떨까요? 이 사람은 천(天)의 혜택을 지니고 있으므로, 자연히 운세도 강하고, 윗사람의 등용도 받을 수가 있읍니다.

이마에 흠이 있거나 비뚤어진 사람이 직장을 바꾸기 쉽다는 것은 윗사람과의 조화가 되지 않는다는 판단에서 나온 것입니다. 윗사람의 등용의 기회를 얻지 못하면 고용인은 일할 흥미를 잃어 버립니다.

— 135 —

이마에 주름이 많은 사람은 고생이 많다고 합니다만, 이것은 이마에 생긴 세개의 줄인 삼문(三紋)의 천지(天地)를 부모로 하고, 인문을 나로 하고, 다시 천문을 윗사람으로 보고, 지문을 손아래로 했을 때, 삼문이 혼란해서 갖추어지지 못하는 것은 자기의 친척이 맞지 않다는, 이러한 생각에 의한 것입니다.

제七장 고문비전(古文秘傳)

관상요결(觀相要訣)

　　　　　(金鎖賦銀七歌)

※ 상을 보는법은 아무리 많은 사람을 볼지라도 한가지 이치로 풀이하게되니 (相法自家歸一理)
※ 문자의 풀이가 여러가지 많으므로 계산하기가 어려운것이다 (文字縱多難以解)
※ 모든 관상가들이 깊고 오묘한 말들을 노래로 삼으니 (剛出諸家奧妙歌)
※ 모든 후세의 사람들이 보아 용이하게 기록하였다 (盡興俊人容易記)
※ 여섯종류의 해로운 눈썹을 가지면 친척의 정이 끊어지며 (六害眉心親義絕)
※ 인당이 가을에 흐르는 물빛과 같고 비록 둥근 모양이나 찌그러진 곳이 있다 (印如秋

— 136 —

木圓還缺).

※ 처자를 극하고 자식을 극하여 노년에 한가하지 못하니 (妻克刑子老不閑).
※ 일은 계획을 잘 세우나 도리어 어리석게 된다 (作事弄巧反成排).
※ 산근이 끊어지면 일찍 허망하게 죽으며 (山根斷芳早虛死).
※ 조업이 모두 없어지고 반드시 재산을 파하게 된다 (祖業飄落必破家).
※ 형제간에 인연이 없게되어 옛집을 떠나게되며 (兄弟營緣離祖宅).
※ 늙어갈 수록 일이 잘못되어 허망하게 된다 (老來轉見事如虛).
※ 눈썹이 서로 잇닿고 얼굴빛이 검으면 정신이 초조하며 (眉交面黑神焦枯).
※ 남의 일을 참견하기 좋아하며 일마다 수심이 많게 된다 (愛管他人事多懷).
※ 냉정한 눈으로 사람을 보며 웃는 사람은 (冷眼見人笑一面).
※ 알지못하는 사이에 독이 있어 반드시 해를 주게된다 (暗中有毒必害人).
※ 사람에 있어서 잠깐 볼 때 얼굴의 빛이 정신이 맑아 보이나 (仁逢滿面有精神).
※ 자세히 보면 빛이 어둡게 보인다 (久有原來色轉昏).
※ 이런 사람은 순명이 짧게 되니 (似此之人終壽短).
※ 요행히 수를 한다고 하여도 외로움과 가난함을 면할 길이 없게된다 (縱然有壽亦孤單).

※ 오성과 육요가 사람의 얼굴에 있으니 (五星六曜在人面).

※ 눈썹을 제외하고는 틀어지고 굽거나 결함이 있으면 좋지 못하다 (除眉之外怕偏斜).

※ 귀가 틀어지고 만년에 파패수가 오게된다 (耳偏口側迎來年破).

※ 코가 틀어지고 굽으면 고통이 사십대에서 생긴다 (鼻曲迎突四十年).

※ 아무리 공부하여도 가난을 면하기 어려우며 (讀盡詩書生得寒).

※ 문장이 되어 십년을 지내도 벼슬을 하지 못하게 된다 (文章十年不爲官).

※ 비록 마음은 하늘을 찌를듯한 기분이 평생동안 있으나 (平生雖有冲天意).

※ 꼬리 새끼가 날고 싶지만 날지못하게 되는 형상이다 (欲飛鸞雛翼未乾).

※ 얼굴이 크고 눈썹이 없으면 수재라는 소리를 들을 정도에 그치고 (圓大眉寒止秀才).

※ 입술이 위로 들리고 이가 밖으로 튀어나온 모양이면 재앙이 많게된다 (脣掀齒露多災殃).

※ 늙어죽도록 바쁘기만하나 실속은 없어 다리만 아플 뿐이며 (終朝脚跡忙走).

※ 부와 귀가 한평생 따라오지 않는다 (富貴平生不帶來).

※ 상정이 짧고 하정이 길게 생기면 (上停短兮下停長).

※ 성사와 실패가 많으며 가는 곳마다 되는 일이 없게된다 (多成多敗道空亡).

※ 혹 억지로 살림을 장만하였다 하여도 (縱然管得成家計).

※ 바록 살림을 잘 할지라도 논밭을 모두 팔아먹게 되며 (自主家時定賣田).

※ 흰창이 사방으로 보이면 (更有白瞳四方見).

※ 만일 죽지않으면 질병으로 인한 고생을 면할길이 없게된다 (也不死傷父反吟).

※ 콧대의 뼈가 튀어나오면 이것을 반음이라 하며 (鼻縲露骨是反吟).

※ 굽고 틀어진 모양을 복음이라 하나니 (曲轉斯樣是伏吟).

※ 반음이면 멸망하게 되며 (反吟相是是滅絕).

※ 복음이면 눈물을 흘리게 되는일이 많으며 (伏吟相見淚淋淋).

※ 눈의 흰창에 붉은 줄이있고 점이 좁쌀같이 있으면 (眼有赤瓜紗出票).

※ 만일 처가 있으면 자식이 없게된다 (從有妻時也沒兒).

※ 이런데다가 만일 산근이 끊긴 모양이면 (倘見山根高更斷).

※ 오년에 세차례나 길가에서 울게되는 일이 생기게 된다 (五年三次露邊啼).

※ 이마위에 머리털있는 부근이 낮고 오목하면 부모가 없게되며 (髮際低回無父).

※ 잔털이 일월각에 나왔으면 어려서 시집을 못가게되며 (寒毛生角幼無婚).

※ 왼편관골이 튀어나오면 아버지가 먼저 죽게되며 (在觀骨出父先亡).

※ 만일 죽지않을 때에는 형액수가 있게되어 자기몸을 상하게 된다 (不死不刑自身傷).

※ 삼십이세에 근심과 재앙이 오게된다 (更憂三十二年災).

— 139 —

※ 토성인 코가 단정하면 끝에 가서는 성공하게 되며 (土星端正終有發).
※ 토성인 코가 좋지않으면 실패와 재운이 없어 고생을 면할 길이 없게 된다 (土星不妙去不回).
※ 가난한 사람은 어깨가 목을 지나가게 되며 (寒福之人身壓眉).
※ 어깨가 느리지고 모양이 허술하며 (眉端下無刑茸茸).
※ 행복한 사람은 귀가 눈썹을 누르는 모양으로 위로 올라갔으며 (幸福之人身壓眉).
※ 그 모양이 비맞은 닭과 같으면 하천한 사람이요 (其形恰似雨中鷄).
※ 도량이 큰 사람은 눈썹이 눈에 비교하여 높이 나 있으며 (大量之八眉高眼).
※ 눈썹과 눈이 서로 적당한 모양이면 근심이 오지않으며 (眼眉相定不憂愁).
※ 눈썹이 너무많고 눈이 너무 작으면 상당하지 않으며 (寅年包子印年糟).
※ 화창과 녹마가 서로 적당하면 다소의 화를 면하게 된다 (禾倉祿馬要相當).
※ 삼십살의 운수는 인당에 살기가 있으면 좋지않으니 (三十印堂莫帶殺).
※ 코머리가 아가위같이 붉은 모양이면 (準頭頭如常更紅生).
※ 동서남북으로 분주한 사람이라 하겠다 (東奔西走忙忙).
※ 창곽 지고가 틀어저지면 잘살기 어려우며 (倉庫空倒不由入).
※ 좋은 전답이 아무리 많다 할지라도 (良田休多說).
※ 얼굴을 굽혀 머리가 앞다리를 지나면 (伏面頭過前脚過).

— 140 —

※ 남을 손해나게 하며 자기혼자 이익만을 취하게되어 남의 피를 빨아 먹게 된다 (損人利己食人血).

※ 이런 사람과는 오고 가지 말라 (似此之人莫交往).

※ 마음이 아홉가지로 굽어 있으나 가장 착량하기 어렵다 (必臟測九曲最).

※ 얼굴에 살이 가로 찌면 악해가 많으며 (面內橫肉全惡害).

※ 어질지 못하고 마음씨가 좋지 못하며 남의 말을 잘하게 된다 (不仁不義假往來).

※ 오관이 바르지 못하면 성질이 흉악하고 (五官不正性凶惡).

※ 오래된 뒤에 관재를 보게된다 (久後終是具官殃).

※ 사람을 보아 뺨뒤에 귀가 있으면 (如見此八耳俊腮).

※ 정이 없고 배반하기를 잘하는 육친이 없게되어 (反骨無情六親小).

※ 이런 사람의 눈에는 살기가 나타나 있게 된다 (此種之人眼露殺)”

※ 입술이 들리고 이가 밖으로 나타나면 좋지 않으며 (脣蹇露齒最不好),

※ 무슨일을 꾀하던지 비밀이 탄로나게 된다 (若然與謀必定溲)”

※ 남에게 시비를 좋아하니 어느때나 그치게 될 것인가 (受談是非何時止).

※ 관재와 병이 많고 또 패가를 하게 된다 (官殃多病又破家).

※ 눈의 빛깔이 물이 흐르는 모양같고 눈알이 밖으로 튀어나오면 좋은 결과가 없느니라 (眼光流露多好盜).

〈東洋新書〉를 刊行하면서

올바른 國家觀의 育成은 傳統文化의 認識과 國際社會속의 自我를 올바로 알아야만 可能하다.

오늘날 우리들 눈앞에 展開된 社會構造가 자칫 長久한 歲月을 두고 우리들 祖上으로부터 쌓아온 陋襲의 餘弊가 根本精神을 살리지 못하고 形式化된 價値觀으로서 오늘의 世界의 趨勢를 받아들인다는 것이 西歐의 價値體制를 根本的인 바탕에서까지 부딪쳐 보지도 못한채 오히려 歪曲된 模倣을 하다보면 이럴수도 저럴수도 없는 自己矛看의 難關에서 허덕이게 될수도 있을 것임을 分明히 알고 있다.

過去의 悲劇을 忘却한 安逸과 福祉를 一掃하고 政治 經濟 文化 社會 産業·軍事 各 分野에서 굳건한 民主精神의 再武裝으로서 近代化의 頹廢建設을 위해 躍進의 八○年代를 맞이하여 自我革新의 契機를 마련하고 우리 周邊의 國際動向을 살피어 우리 民族의 나아갈 길에 一路邁進해야 한다.

지금 우리 民族에게는 寸刻이 아쉽다.

道德的, 文化的, 宗敎的 經濟的인 劃期的인 發展으로 弘益人間의 思想的 革命을 이룩할 우리의 基本理念 達成을 위하여서라면 〈東洋新書〉에서 果敢히 企劃刊行하여 갈 작정이다.

올바른 民族史의 正統史觀을 發掘하여 提示하고 啓蒙함으로서 哲學的, 宗敎的·藝術的, 大思想 根底를 밝히고져 하는 바이다.

一九八○年 正月

羅 山 安 永 東

실제인상학(實際人相學) 값 6,000원

1981년 4월 25일 발행
2003년 4월 25일 재판발행

판 권
본 사

편　저　최영순
발 행 인　안영동
발 행 처　출판사 동양서적

등 록 일　1976년 9월 6일
등록번호　제6-11호

서울특별시 은평구 역촌1동 40-6
전화 357-4723

ISBN 89-7262-095-5　13180

저자 : 백합(白合) 최 영 순
서울특별시 종로구 신영동 116
전화 (02) 725-0522
〈백합인상연구원 대표〉